TechnologieRegion

Karlsruhe

Von badischer Lebensart und frischem Erfindungsgeist

Liebe Leserin, lieber Leser,

es gibt Leute, die kennen nur die Klischees: von Karlsruhe das Bundesverfassungsgericht und von Baden-Baden das Kasino. Die fahren bei Kehl über den Rhein und sind weg. Ab in die Ferien.

Ein Fehler. Ich kenne den Norden Badens als Urlauber. Die Rheinauen bei Rastatt, den Schwarzwald um die Bühler Höhe, eine Besenwirtschaft im Kraichgau und das einzigartige Friedrichsbad in Baden-Baden. Und vor dem Eisbär-Becken im Karlsruher Zoo habe ich schon Stunden verbracht.

Aber dies ist auch die Gegend, wo im 19.Jahrhundert die deutsche Demokratie geboren wurde. Wo der freie Geist seit jeher Erfinder beflügelte – vom Freiherrn von Drais bis zu Karl Benz. Wo die Nähe zu Frankreich eine angenehme Gelassenheit in den Alltag und die Sprache der Menschen bringt.

Hier kann man leben, lehren, forschen. Die Gemeinden im Dreieck Bruchsal-Karlsruhe-Bühl haben sich zur „TechnologieRegion Karlsruhe" zusammengeschlossen. Jeder sechste Beschäftigte arbeitet hier in der Technologiebranche – so viele wie in kaum einer anderen Gegend Europas. Wir möchten Ihnen zeigen, warum die Region so erfolgreich ist. Dass das Karlsruher Zentrum für Kunst und Medientechnologie mindestens so bedeutend ist wie das hohe Gericht und in Baden-Baden eine top-moderne Kunsthalle lockt. Und dass es hinter den Klischees viel zu entdecken gibt.

Herzlich Ihr

Andreas Hallaschka
MERIAN-Chefredakteur

Eingespieltes Team: Fotografin Ute Mahler und Benno Stieber, MERIAN-Mann in Karlsruhe, im Bundesverfassungsgericht

Nachdenken über Karlsruhe: Peter Sloterdijk in seiner Bibliothek beim Interview mit Peter Mayer (l.) und Benno Stieber

>> Mehr MERIAN im Internet: www.merian.de

INHALT

TECHNOLOGIEREGION Karlsruhe

10 PORTFOLIO | Power um die Pyramide
Am mittleren Oberrhein sind die Menschen aus Tradition dem Fortschritt zugewandt – und dem Savoir-vivre

24 KARLSRUHE | Von wegen Karls Ruhe
Was die Ex-Residenz so alles in die Waagschale wirft, um 2010 Kulturhauptstadt zu sein

32 FORSCHUNG | Badische Denkfabrik
Fast nirgendwo in Europa haben sich mehr Bewohner einer Region der Forschung und Entwicklung verschrieben

44 SLOTERDIJK | Ein Mann blickt durch
Im Interview analysiert der Philosoph Peter Sloterdijk seine Geburtsstadt Karlsruhe – der Komponist Wolfgang Rihm, auch er hier zur Welt gekommen, hält dagegen

48 RHEINAUEN | Stilles Wasser
Im Wechselspiel von Hoch- und Niedrigwasser entfaltet sich hinter den Ufern des Rheins paradiesische Wildnis

56 GESCHICHTE | Soldaten gegen Demokraten
Preußisches Militär schlug die badische Revolution von 1849 nieder – Badener hatten als erste in Deutschland allgemeines Wahlrecht

62 VERFASSUNGSGERICHT | Immer im Recht
Ein MERIAN-Team durfte hinter die Kulissen des höchsten deutschen Gerichts blicken

>> **72 BADEN-BADEN | Wohltemperiertes Revier**
Die einstige Sommerhauptstadt Europas lehrt die hohe Schule der Lebenskunst

82 ZKM | Das digitale Bauhaus
Erst 1997 eröffnet und schon weltweit gerühmt: das Zentrum für Kunst und Medientechnologie in Karlsruhe

>> **90 BRETTEN | Attacke der Lanzenknechte**
Zu Peter und Paul feiert die Stadt ein mordsmäßiges Fest

96 BADEN UND ELSASS | Grenzerfahrungen
Wie am Rhein aus Erbfeinden Freunde wurden

>> **100 NAHVERKEHR | Bähnle frei**
Auf 400 Kilometern fährt die Straßenbahn durch die Stadt und ins Land – das Karlsruher Modell ist wegweisend

RUBRIKEN

3 Editorial
6 Skizzen Zeitsprung, Messermeister, Keulenschwinger, Türkenlouis, Messe, Tatort, Fächerstadt, Dinos
137 Impressum, Bildnachweis

SEITE 48
SEELENRUHE, SOMMERZEIT
Die faszinierende Wasserwelt der Rheinauen lockt Angler und Segler – und mancher denkt, er sei am Amazonas

SEITE 82
MITTELPUNKT DER MEDIENWELT
Im Karlsruher Zentrum für Kunst und Medientechnologie (ZKM) dringt die Kunst in neue Dimensionen vor

MERIAN | Reiseinfo >>SEITE 113

114 **Allgemeines** | Anreise, Adressen, Bücher, Geschichte
116 **Bretten** | Melanchthon, belgisches Bier
117 **Bruchsal** | Spieluhren, Spargel, Sommelière
118 **Stutensee** | Sardische Küche
118 **Rheinstetten** | Sonnenkraft und Badespaß
118 **Murgtal** | Wandern, Gleitschirmfliegen
121 **Ettlingen** | Schubert, Schnaps und der Erbprinz
122 **Rastatt** | Schlösser und Straßentheater
124 **Baden-Baden** | Kur, Kultur und Kulinaria
128 **Bühl** | Zwetschgen und Trauben
130 **Karlsruhe** | Museen, Kneipen und „Das Fest"
133 **MERIAN-Karten** | Verkehrsnetzplan
138 **Steckbriefe** | Wer was und wie erforscht

>> Titelthemen

SEITE 24

IMMER HOCH HINAUF

Zwei Dinge können Karlsruher besonders gut: forschen und – wie hier beim Geburtstag der noch jungen Stadt – ausgelassen feiern

SEITE 100

MIT DER STADTBAHN INS GRÜNE

Ob durch den Kraichgau oder durch die Schwarzwaldtäler – die Straßenbahn schießt an keinem attraktiven Ziel vorbei

SEITE 72

DER BLICK NACH VORN

Baden-Baden, Sommerhauptstadt des 19. Jahrhunderts, hat den Sprung in die Moderne gemeistert

SEITE 32

REGION DER ZUKUNFT

Dieser Roboter ist mehr als ein Hightech-Maskottchen: Er demonstriert den Fortschrittswillen, der die TechnologieRegion in Schwung hält

Der Sehnsucht, wie in Versailles zu residieren, gab sich in Bruchsal ein Fürstbischof hin

heute

HANDWERK

Herr der **Klinge**

Die kostbarsten Schmuckdolche und Jagdmesser werden in Stutensee geschliffen. Messermeister Jürgen Schanz schmiedet sie auf seinem Bauernhof mit Klingen aus edelstem Damaststahl. „Wild Cat“ oder „Viper“ heißen seine Kreationen. Inzwischen darf sich der 34-Jährige „Königlicher Hoflieferant des Herrscherhauses von Bahrain“ nennen. König Al-Khalifa hat kürzlich einen Zierdolch für über 200 000 Euro geordert.

INNOVATION

Keulen-**Schwinger**

Auch das ist Karlsruher Tüftlergeist. Henry Pekarsky wollte partout mit Wunderkerzen jonglieren. Also ersann er dafür eine Kombi aus Keule und Schneebesen, die zugleich das erste Produkt seiner Firma „Henrys“ wurde. Jojos und Diabolos mit Kugellager kamen dazu und Jonglierbälle in skurrilsten Ausführungen. „Henrys“ ist heute Weltmarktführer, Henry kommt höchstens noch im Urlaub zum Üben.

ZEITSPRUNG

Neue **Pracht**

Am 1. März 1945 zerstörten alliierte Bomber Bruchsal, auch das Schloss fiel in Trümmer. 30 Jahre dauerte die Wiederherstellung des Corps de Logis. Bei der Arbeit fanden die Experten Spuren rotweißer Ziegelsteinmalerei, wie Fürstbischof Damian Hugo, der Bauherr, sie einst auf Reisen in Holland entdeckt und für sein barockes Schloss übernommen hatte. Längst war dieser Fassadenschmuck verschwunden – und leuchtet jetzt wieder wie vor über 200 Jahren.

„Die Jugend in den Schulen vernachlässigen, heißet nichts anderes, als den Frühling aus dem Jahre hinwegnehmen."

Philipp Melanchthon, 500 Jahre vor PISA

E-MAIL

Klick und **weg**

Ein Jahr hatten die Vorarbeiten gedauert. Dann konnte im August 1984 die Informatik-Fakultät der Fridericiana in Karlsruhe die erste elektronische Post abschicken. Empfänger: die Rice University in Texas. Und heute? Ist E-Mail nach Post und Telefon die dritte Info-Macht im Staat.

GESCHICHTE

Halbmond**finsternis**

19. August 1691. Bei Slankamen an der Donau gehen die Heere des Halbmonds und des Abendlandes aufeinander los. Ein grausiges Gemetzel: 25 000 Türken sterben und 5000 Kaiserliche. Eine Kugel streckt auch den Großwesir Mustafa Köprülü nieder. Markgraf Ludwig Wilhelm, hoch zu Schimmel, so hat es ein Künstler sich 200 Jahre später ausgemalt, erscheint in der Nacht vor dem Zelt des türkischen Feldherrn und erweist dem Sterbenden die letzte Ehre. Die Türkenbeute aus dieser Schlacht geht mit an den Rhein und ist im Karlsruher Schloss zu bestaunen. „Türkenlouis" heißt der badische Soldatenfürst Ludwig Wilhelm bis heute.

„Die Erfindung ist aus dem einfachen Gedanken entstanden, einen auf zwei Rädern befestigten Sitz mittels der Füße fortzubewegen."

Freiherr Drais von Sauerbronn (1816)
Erfinder der Draisine

SAURIERFORSCHUNG

Knochen**arbeit**

Vor 145 Millionen Jahren hat das „Monster von Aramberri" die Weltmeere unsicher gemacht. Im Jahr 2000 stieß ein Team um die Karlsruher Wissenschaftler Eberhard „Dino" Frey und Wolfgang Stinnesbeck in Mexiko auf versteinerte Knochen eines Pliosauriers. Teile des Riesen sind im Karlsruher Naturkundemuseum schon präpariert (hier Frank Wittler bei der Arbeit). Noch drei Jahre Buddelei in Mexiko. Dann ist das Skelett komplett.
(c 4) Naturkundemuseum Karlsruhe, Erbprinzenstraße 13

TATORT

Location für **Leichen**

Laut Drehbuch ermittelt Tatort-Kommissarin Lena Odenthal in Ludwigshafen. Aber gedreht wird mit Schauspielerin Ulrike Folkerts meist im Badischen – in Rastatt, Bühl oder Kosten sparend direkt vor der Haustür des produzierenden SWR in Baden-Baden. Und in Karlsruhe ist Action vor der einstigen Landeszentralbank, dem heutigen Kammertheater.

MESSE

Expo am **Rhein**

Sie ist der Stolz der Region: die „Neue Messe“ in Rheinstetten. Auf dem Gelände des ehemaligen Flugplatzes stehen heute Hallen mit 52 000 Quadratmetern Ausstellungsfläche. 150 Millionen Euro hat das Projekt gekostet, es bekräftigt den Ruf der Region als Messe- und Kongress-Zentrum. Auch Stars wie Lionel Ritchie und Sting zogen hier schon ihre Show ab, 2003 machte Thomas Gottschalk Wettschulden.

STADTPLANUNG

Klare **Sache**

„Der Grundriß dieser Stadt gleicht einem Fächer, in welchem das markgräfliche Residenzschloß den Knopf, die verschiedenen Hauptstraßen eben so viele Fächerstäbe oder Fächerfalten vorstellen. In welcher Hauptstraße man daher auch seyn mag, so erblickt man immer am Ende derselben das Schloß ... Steht man aber auf dem Thurme des Schlosses: so sieht man rund um sich her in 32 Gassen, wovon neune die Hauptstraßen der Stadt, die übrigen blos Alleen sind.“ *Johann Heinrich Campe (1746-1818)*

Power um die Pyramide

Am mittleren Oberrhein mit dem Zentrum Karlsruhe sind die Menschen aus Tradition dem Fortschritt zugewandt – und Savoir-vivre kommt nicht zu kurz

Text: Jan Knopf, Fotos: Ralf Kreuels

Haus der Ewigkeit

Karlsruhe-Gründer Markgraf Karl Wilhelm bekam Anfang des 19. Jahrhunderts auf dem Marktplatz dieses Grabmal nach ägyptischer Art. Die 6,50 Meter hohe geometrische Figur wurde zum Wahrzeichen der Stadt

Sozusagen baufrisch ist die Bildergalerie an der Lichtentaler Allee in Baden-Baden. Der New Yorker Stararchitekt Richard Meier hat sie entworfen, Frieder Burda hat sie finanziert und präsentiert seine hochkarätige Sammlung klassischer Moderne

Juwel im Park

Jeder wollte sein Versailles, Bischof Damian Hugo von Schönborn ließ sich ab 1722 ein Schloss nach Sonnenkönigsart in Bruchsal errichten. Die Gebäude waren aus Brandschutzgründen weitläufig angelegt, damit Feuer sich nicht von einem zum anderen fressen konnte. Doch im März 1945 war die Anlage binnen 40 Minuten ein Trümmerhaufen – und wurde prächtig wiederaufgebaut

Sicherheits-Schloss

Zwei große Daten: 1192 machte Kaiser Heinrich VI. Ettlingen zur Stadt, 1689 brannten Truppen Ludwigs XIV. sie nieder. Doch die Kommune erstand neu, bekam nach 1730 ihr Rathaus (Foto) und kurz davor ein Schloss, in dem heute zur Sommerzeit die Musen des Theaters und der Musik Hof halten

Lichtspielhäuser

Spiele-Paradies

Vorbild für dieses Prunkstück aus Samt und Gold war die Pariser Oper. Zur Eröffnung des Baden-Badener Theaters im Jahr 1862 komponierte Héctor Berlioz die Oper „Béatrice et Bénédict". Heute können verliebte Nostalgiker sich ihre Traumhochzeit in diesem Musentempel inszenieren lassen

Foto: Gregor Lengler

Foto: Gregor Lengler

Letzte Fahrkarten wurden 1977 in Baden-Badens pompösem Altem Bahnhof verkauft, jetzt gibt's hier Tickets für das Festspielhaus

„Geist ist geil" oder Nachdenken über einem guten Viertele

Jedes Kind kennt Karlsruhe. Denn die Karlsruher Stadtanlage ist ja weltberühmt und fehlt in keinem ordentlichen Schulatlas. Der absolutistische Grundriss mit dem Schlossturm als Mittelpunkt – dort pflegte der Markgraf seine Damen zu empfangen, beziehungsweise zu »halten« – ist zwar nicht einzigartig, aber der größte seiner Art, und noch heute in den Stadtplan der badischen Metropole unübersehbar eingetragen. Merkwürdigerweise nehmen die Karlsruher nur den bebauten Teil wahr und bezeichnen deshalb ihren Wohnsitz als »Fächerstadt«. Ein Blick vom Schlossturm jedoch genügt, um zu erkennen, dass sich die Stadtanlage im Schlossgarten und im dahinter liegenden Wald des Wildparks fortsetzt, mit kreis- und strahlenförmig angelegten Wegen, die entweder um den Turm geführt sind oder von diesem ausgehen.

Nach absolutistischem Selbstverständnis der Gründungszeit Karlsruhes (1715) symbolisiert der Turm die Sonne und mit ihr den im Mittelpunkt stehenden Herrscher; Vorbild war das französische Sonnenkönigtum.

Obwohl ich den Karlsruher Grundriss bereits aus meiner Schulzeit in der DDR kannte, war ich, als ich das Angebot erhielt, Assistent an der Karlsruher Universität zu werden, genötigt, in den Atlas zu schauen, um mir eine Vorstellung davon zu machen, wo denn Karlsruhe überhaupt liegt.

Gewohnt, ernst und hartnäckig zu arbeiten, hat mich, in Karlsruhe angelangt, die (scheinbare) Laxheit, mit der die Menschen hier mit ihrem Alltag umgehen, schockiert. Es führte dazu, dass ich das Institut für Literaturwissenschaft mit meiner Hektik erst einmal ziemlich durcheinandergewirbelt habe. In einem meiner ersten Artikel über meine neue Heimatstadt habe ich die Karlsruher als „ignorante Nilpferde" beschimpft, die nach dem Motto lebten „Erst kommt das Viertele, dann noch lange nicht die Arbeit." Damit habe ich mich überhaupt nicht beliebt gemacht.

In der Region zwischen Baden-Baden/Bühl im Süden und Bruchsal/Bretten im Norden liegen die besten Lokale Deutschlands, in Bruchsal gibt es den besten Spargel der Welt, in Eppingen und Umgebung die besten Kartoffeln, in Bühl und Baden-Baden begegnet man einer international geprägten mondänen Welt. Und nicht zu vergessen: der vorzügliche Wein, der vom Karlsruher Turmberg ab nach Süden über Forbach und Neuweier an Mengen zu- und an Qualität nicht abnimmt.

Dazu kommen das beste Wetter in Deutschland, die Nähe Frankreichs, die Natur und Kultur des Elsass, der Rhein, an dem auch Karlsruhe tatsächlich liegt, obwohl dies die Karlsruher nur bedingt wahrnehmen. Dazu kommen das Mittelalter und die Gotik von Straßburg oder – um das viel näher liegende Ettlingen nicht auszulassen – die über 800-jährige Geschichte einer Stadt, die sich hartnäckig weigert, von der lächerlich jungen Metropole »eingebürgert« zu werden. Das nämlich ist Durlach widerfahren, wo sich mit der Karlsburg das ehemalige Stammhaus der badischen Markgrafen befindet. Dank dieser Beute hat Karlsruhe wenigstens einen Stadtteil von gewissem Alter.

Kein Wunder also, wenn die Menschen der Region sich vornehmlich den Genüssen ihrer herrlichen Landschaften und Früchte hingeben und in der alltäglichen Arbeit nicht ausschließlich den Sinn ihrer Existenz sehen. Aber dass hier deshalb nichts geleistet würde, ist durchaus nicht der Fall. Im Gegenteil, davon konnte ich mich schnell überzeugen. Nur: Es geht auch mit Ruhe und Gelassenheit. Und unter uns gesagt: Sich beim Nachdenken über ein gutes Viertele zu neigen, kann überhaupt nichts schaden. So

MICHELIN
OnWay Reifen + Service
MICHELIN
AUF JEDEM METER FÜR SIE DA.
MICHELIN OnWay –
REIFEN MIT INTEGRIERTEM SERVICE-PAKET
MICHELIN
OnWay Reifen + Service
• Rundum-Reifengarantie
• Reifenpannen-Service
• SOS-Routeninformation
0 180 5/20 63 63
(0,12 €/Min.)
Beim Kauf neuer Michelin Reifen erhalten Sie den kostenlosen MICHELIN OnWay-Service* automatisch mit dazu. Das bedeutet: Rundum-Reifengarantie für 2 Jahre (auch bei Vandalismus und Diebstahl), Reifenpannen-Service (europaweite Hilfe innerhalb einer Stunde) und SOS-Routeninformation (Infos zu Strecken, Tankstellen, Hotels, Restaurants). Den kostenlosen MICHELIN OnWay-Service erreichen Sie europaweit über eine 24h-Hotline. Jetzt informieren unter www.michelin.de
MICHELIN
Wir bringen Sie weiter
* Dieses Angebot gilt nicht für gewerbliche Kunden.

verstand ich auf einmal Johann Peter Hebels (auch er ein zugereister Karlsruher) Anrede an die „geneigten Leser" in ihrer eigentlichen Bedeutung. Jedenfalls habe ich schnell gelernt, eine meinem Wohnort angemessene Arbeitshaltung anzunehmen, unter anderem, indem ich von Bier auf Wein wechselte – und dies, obwohl in Karlsruhe auch vorzügliches Bier gebraut wird.

Als Heinrich Klotz, der Gründungsrektor des 1997 eröffneten Zentrums für Kunst und Medientechnologie (ZKM), nach Karlsruhe kam, war eine seiner ersten Feststellungen, dass die Karlsruher gar nicht wüssten, was sie so alles an Kultur- und Bildungseinrichtungen haben. Einige sind nicht nur überregional, sondern auch europa- und weltweit bekannt. Ganz abgesehen davon ist Karlsruhe die Internet-Hauptstadt Deutschlands und allenthalben sprießen Technologie-Parks in dieser Region.

Das Badische Landesmuseum glänzt mit Aufsehen erregenden Ausstellungen, ebenso die Staatliche Kunsthalle, die außerdem eine einzigartige Sammlung besitzt. Und das Badische Theater, mit dem Felix Mottl vor dem Ersten Weltkrieg Karlsruhe zur führenden Opernstadt Deutschlands gemacht hatte, blüht wieder auf.

Mit der Literarischen Gesellschaft verfügt Karlsruhe über den mitgliederstärksten Kulturverein Deutschlands. Das angeschlossene Museum für Literatur am Oberrhein im Prinz-Max-Palais lädt nicht nur zu Dauerausstellungen über Marie Luise Kaschnitz, Gustav Landauer, Carl Einstein und Hebel ein, den Dichter vom „Schatzkästlein des Rheinischen Hausfreundes". Hier findet bei regelmäßigen Lesungen auch internationale Spitzenliteratur ihr Publikum.

Dass es in Karlsruhe eine Universität gibt, das heißt die älteste Technische Hochschule in Deutschland, hat sich über Namen wie Heinrich Hertz oder die neue Nanotechnologie weltweit herumgesprochen; dass in Karlsruhe aber auch Philosophie, Geschichte und Germanistik studiert werden kann – letztere rangiert in der Forschung nach einem „Stern"-Ranking ganz oben – wissen nicht einmal die Karlsruher selbst.

Das hat wohl auch ein wenig mit Karlsruhes Grundriss und der damit verbundenen Lage der Universität zu tun. Da das „Zentrum" der Stadt – der Schlossturm nämlich – paradoxerweise an der Peripherie liegt, hört die Stadt mehr oder weniger mit der Kaiserstraße auf, die eine lange Schneise durch die Innenstadt zieht. Das Franz-Schnabel-Haus, in dem die Institute für Geschichte und Germanistik logieren, ist so vorzüglich durch eine Mauer zum Fasanengarten abgeschottet, damit niemand auf die Idee kommt, dahinter könnte der Geist brüten. Nur einmal im Jahr platzt die Bude aus den Nähten, wenn die Fachschaft für Geistes- und Sozialwissenschaften (Slogan: „Geist ist geil") ihr Sommerfest feiert. Es hat sich herumgesprochen, dass hier die meisten und schönsten »Mädels« studieren. Die übrige Zeit bleiben wir unter uns.

Und noch eins, da wir bei der Literatur sind: Einer der bekanntesten Romane der Weltliteratur spielt an zentralen Stellen in der Region Karlsruhe (nicht in Karlsruhe selbst, weil es die Stadt damals noch nicht gab), Grimmelshausens „Simplicissimus Teutsch". Mit dem 1668 erschienenen Roman in der Hand lässt sich der nahe Schwarzwald erwandern. Vom Mummelsee, in den Simplicissimus kühn springt, um zu erkunden, was die Welt im Innersten zusammen hält, bis nach Wildbad, wo er seine Syphilis – in Frankreich geholt – erfolgreich kuriert. Und in Oberkirch-Gaisbach kann man in der Kneipe einkehren, in der Grimmelshausen selbst hinterm Tresen stand, und sich übers Glas neigen.

Zuletzt: Brecht und Karlsruhe. Gefragt, was beide miteinander zu tun haben, antworte ich – meine Anwesenheit rechtfertigend –, dass Karlsruhe immerhin ein einziges Mal in dessen Werk vorkommt, in der Kalendergeschichte „Die unwürdige Greisin". Um wenigstens einmal in ihrem Leben eine Großstadt gesehen zu haben, fährt die alte Frau aus ihrem Dorf Achern im Schwarzwald nach »K.«. Inzwischen hat K. mit der Arbeitsstelle Bertolt Brecht dem „Goethe des 21. Jahrhunderts" einen postumen Zweitwohnsitz (seit 1989) verschafft. Dadurch ist Karlsruhe weltweit das Zentrum der Brecht-Forschung geworden: mein „Geschenk" an meine neue Heimatstadt.

Prof. Jan Knopf *leitet seit 1989 die „Arbeitsstelle Bertolt Brecht" am Institut für Literaturwissenschaft der Universität. Der Thüringer ist mittlerweile ein echter Karlsruher geworden.* **Ralf Kreuels** *stammt aus Krefeld, studierte an der Folkwangschule in Essen. Stadt, Land und Fluss – Karlsruher Kontraste beeindruckten den Fotografen.*

Die Vorgänger hatten sich verhauen, dem Genie Balthasar Neumann gelang um 1730 diese prächtige Treppe im Bruchsaler Schloss

Wie die aufgehende Sonne leuchtet hinter dem Schlossturm ein Riesenrad. Und fächerförmig schießen zum Stadtgeburtstagsfest Laserstrahlen in den Karlsruher Nachthimmel

Text: Bernd Hauser, Fotos: Hardy Müller

Von wegen Karls Ruhe

Zwei Dinge können die Menschen dieser Stadt am Rhein besonders gut: feiern und forschen. Jetzt hat sie auch noch die Begeisterung gepackt, Kulturhauptstadt 2010 zu sein

Prima Klima: Je milder der Abend, desto frischer das Bier unter Bäumen auf dem Ludwigsplatz

Lauschig

Aufziehendes Gewitter trübt den Menschen im Schlossgarten nicht die Laune. Außerdem ist da ja noch der Stelzenclown

In der Frühe vollendet: Vor Sonnenaufgang dirigiert Dieter Köhnlein open air Haydns „Sinfonie mit dem Paukenschlag“

Auf Anhieb sympathisch

Im Fußball spricht man von Überraschungsmannschaft – etwas Ähnliches ist Karlsruhe unter den deutschen Kommunen

Was, schon da? Der ICE stoppt, ich raffe meine Sachen zusammen und eile zur Tür. Schon wollen Reisende einsteigen. „Sie sind zu spät dran", sagt eine Frau, der ich in die Quere komme. Ich bin überrascht. Der erste Satz, den ich in dieser Stadt höre, klingt anders, als er in Berlin oder München klänge. Schleppender Singsang, leutselig, verständnisvoll, freundlich.

Ich steige in die Straßenbahn. Der Fahrer fährt an – und tritt gleich wieder auf die Bremse: Ein Eichhorn wedelt über die Gleise, es kommt wohl aus dem Stadtgarten, der vor dem Bahnhof liegt. Die Tram passiert Kastanien, Linden und Riesen mit langen dunkelgrünen Nadeln, die offenkundig südlicheren Gefilden entstammen. Karlsruhe rühmt sich, eine der wärmsten Städte Deutschlands zu sein.

Von einem Plakat lächelt ein Herr. Auf seiner Krawatte sind Sonnen gedruckt. Ein Seitenhieb gegen den Volksstamm, mit dem sich die Badener das Bundesland teilen? „Über Baden lacht die Sonne, über Schwaben die ganze Welt", heißt der Spruch. Vielleicht sind die Sonnen aber auch eine Art Liebeserklärung an die im Absolutismus gegründete Stadt, in der die Straßen wie ein Strahlenkranz von einem Mittelpunkt ausgehen, dem barocken Schloss.

Das überlebensgroße Konterfei des Herrn mit dem sonnigen Schlips gehört Heinz Fenrich, dem Oberbürgermeister. Es sind keine Wahlen. Die Schlagzeile auf dem Plakat ruft: „Helfen Sie!" Die Karlsruher mögen bitte „Wohnraum für unsere Studenten bereitstellen", die an der ältesten Technischen Universität Deutschlands lernen. Ein Bürgermeister, der die Bürger auffordert, zusammenzurücken: sympathisch. Ich frage eine ältere Dame, an welcher Haltestelle ich aussteigen muss. Lächelnd gibt sie Auskunft und kommt später sogar herüber: „Die nächste ist es!"

Wenn es stimmt, dass auch bei Städten die erste Begegnung über die Sympathie entscheidet, dann hat Karlsruhe auf Anhieb gewonnen. Der zweite Eindruck zeigt: Man ist zufrieden, in der Provinz zu leben und sehnt sich, Metropole zu sein. Ist genügsam und zugleich genussfreudig, übt sich in Zurückhaltung und neigt manchmal zur Großmannssucht.

Clique macht lustig: Karlsruher Kids lümmeln auf der Wiese im Schlossgarten

Gunzi Heil hängt im Café Palaver seine halbmeterlangen weißblonden Haarsträhnen in den Teller. Heil gilt als Universalgenie der örtlichen Kleinkunstszene. Kabarettist, Rock-Sänger, Pianist, Puppenspieler, Parodist. Eine Paradenummer seines Repertoires ist die über Herbert Grönemeyer, in der aus dem Lied über Bochum eines über Karlsruhe wird: „Du hast keine U-Bahn, nur deine Richter sind rot. Deine Pyramide ist bescheiden, ist winzig klein, passt nur einer rein, und der ist schon lange tot."

Das Pyramidchen auf dem Marktplatz ist die Gruft des Stadtgründers Markgraf Karl Wilhelm. Als 1807 die Kirche auf dem Marktplatz abgerissen wurde, in der der Markgraf seine letzte Ruhe gefunden hatte, brauchte die Gruft eine Abdeckung. Friedrich Weinbrenner, Baumeister des klassizistischen Karlsruhe, ersann eine einfache Lösung: ein paar Balken aufgestellt, Bretter drübergenagelt, Ölfarbe drauf, fertig. Als das Provisorium elf Jahre später baufällig wurde, ließ Großherzog Ludwig die Holzpyramide abreißen und baute eine neue. „Eine bequeme und preiswerte Lösung", heißt es anerkennend auf der offiziellen Internet-Seite der Stadt, www.karlsruhe.de. Erst sieben Jahre später entstand die Pyramide aus Stein.

Die meisten Karlsruher kennen diese Episode gar nicht. „Sie passt zur ortsüblichen Ça-va-Mentalität", sagt Gunzi Heil und erzählt gleich noch ein Beispiel: Er stelle seinen alten Bus gewöhnlich einfach ins Parkverbot. „Ein Strafzettel kostet fünf Euro. Das ist billiger als im Parkhaus."

Nur in einer Sache gibt es kein Laisser-faire. „Karlsruhe muss Hauptstadt werden", fordern Plakate, womit sie nicht etwa auf die Entmachtung der Landeshauptstadt Stuttgart zielen, sondern den Anspruch auf die europäische Kulturhauptstadtwürde 2010 erheben. Das wird schwierig, wenn man laut *Frankfurter Allgemeine Zeitung* „deutsche Terra incognita" ist. „Karlsruhe hat nicht einmal ein schlechtes Image. Es hat gar keines", schrieb die *FAZ* unbarmherzig.

Wer weiß schon von den vielen, teils versteckten Schätzen der Stadt, zum Beispiel der Hochschule für Musik im rosafarbenen Schloss Gottesaue? Der 19-jährige Geiger Sergey Khachatryan und seine zwei Jahre ältere Schwester, die Pianistin Lusine, studieren dort und stehen vor einer großen Karriere. Das mit Preisen überhäufte armenische Geschwisterpaar lebt in Frankfurt. „Aber wir kommen nach Karlsruhe, weil es hier die besten Lehrer gibt", sagt Sergey.

Heinz Fenrich, der Mann mit den Sonnen auf der Krawatte, möchte seine Stadt endlich rausholen aus dem Desinteresse, mit dem der Rest der Republik Karlsruhe begegnet. Statt den *FAZ*-Artikel zu ignorieren, erhebt er Karlsruhe zur „Terra cognita". Ein Wunschtraum. „Es gibt wenig spek-

Gehegt und gepflegt: Die arktischen Zottel im Zoo sind Karlsruhes Lieblinge

Bärenstark

takuläre Bauten, dazu hat Karlsruhe mit seinen nicht einmal 300 Jahren zu wenig Geschichte", sagt Harald Hurst, der Mundartdichter, dessen Stück „Fuffzich" seit April 2001 in mehr als 200 Aufführungen am Sandkorn-Theater läuft. „Die Gebäude von Friedrich Weinbrenner, die der Stadt ihr Gesicht geben, sind nicht unansehnlich, aber eben nicht so, wie Touristen eine Stadt lieben. Es gibt zu wenig plüschigen Barock, keine erhabene Gotik, kein romantisches Fachwerk." Der Wiederaufbau nach dem Krieg, „ein rechter Eintopf aus zeitgemäßer Architektur", machten das Stadtbild auch nicht attraktiver. Aber dieser Mangel kann auch ein Vorteil sein, meint Hurst. „Statt in die Vergangenheit zu blicken, entsteht Neues."

Neues ist im Streit der Genügsamen mit den Großmannssüchtigen meist umstritten: Kritiker fürchten, dass durch das Einkaufszentrum Ettlinger Tor, eine riesige Mall für 130 Geschäfte, die Haupteinkaufsmeile Kaiserstraße verwaist und weiter verramscht. Das Zentrum für Kunst und Medientechnologie (ZKM) in einer ehemaligen Munitionsfabrik dagegen gilt mittlerweile unangefochten als Aushängeschild der Stadt. Bekommt Karlsruhe den Zuschlag bei der Bewer-

Hoch gepriesen: Der junge Sergey Khachatryan perfektioniert in Schloss Gottesaue seine Violinkunst

Foto: Ralf Kreuels

Blieb bei seinen Leisten: Schuster Seibold hat bei der Arbeit Lebensabendspaß.
Der Blick vom Turmberg aufs nächtliche Karlsruhe ist Feierabendvergnügen für Verliebte

Nostalgisch

bung zur Kulturhauptstadt, soll ein „Haus der Gerechtigkeit" gebaut und die Geschichte als Stadt der Freiheit und Demokratie fortgeschrieben werden. Gründer Karl Wilhelm lockte Neubürger einst mit einem Privilegienbrief, der Religionsfreiheit und andere Rechte garantierte. 1849 wurde in Karlsruhe die erste deutsche Republik ausgerufen. In dieser Tradition siedelten sich nach dem Zweiten Weltkrieg die höchsten deutschen Gerichte an.

Bei so viel Aufmerksamkeit für das Bemühen um die Kulturhauptstadtwürde übersieht man leicht, dass Karlsruhe auch Hafenstadt ist. 5000 Schiffe fahren pro Jahr die Rheinhäfen an. Container werden hier umgeschlagen, Kohle aus Kolumbien, Edelstahl-Schrott, Süßigkeiten. Und im Getreidespeicher hat Ulrike Folkerts als Kommissarin Odenthal für den ARD-Tatort ermittelt. 15 Millionen Tonnen Rohöl werden jährlich aus den Mittelmeerhäfen Triest und Marseille herangepumpt und raffiniert. Damit ist Karlsruhe eine der größten Drehscheiben der Mineralölindustrie in Europa.

Ein wenig Weltstadt blitzt nur hier und da auf, in der „First Sushi Lounge" vielleicht, in der rund um den Tresen ein kleiner Kanal verläuft, auf dem der rohe Fisch in Griffweite der Gäste auf Plastik-Bötchen vorbeifährt, wie in Singapur oder Tokio.

Typisch Karlsruhe, das ist jedoch nicht Sushi sondern Schuster Seibold, der in einem Hinterhof am Gutenbergplatz, einem der schönsten Plätze der Stadt, seine Kellerwerkstatt betreibt. Mit Hilfe der Leisten, die zu Dutzenden an der Wand hängen, fertigt der 70-Jährige auch Schuhe fürs Brettener Peter-und-Paul-Fest (s. Seite 90). Die Kundin, die zu ihm hinabgestiegen ist, redet wie ein Wasserfall: Seit 30 Jahren schaffe sie bei einer Bank, bemerkenswert, wie unzufrieden gerade die Leute seien, die viel Geld haben. Schuster Seibold gibt ihr Recht und verlangt fürs Ausbessern einer abgewetzten Stelle an ihrem Pumps – einen Euro. Der alte Mann arbeitet drei Nachmittage die Woche, der Schwätzchen wegen. „Wir Karlsruher sind gleichzeitig gesellig und scheu. Auf der Straße oder in der Wirtschaft spreche ich nie jemanden an, den ich nicht kenne. Aber hier in der Werkstatt brauch' ich den ersten Schritt nicht zu tun." Badische Zurückhaltung. „Die gilt aber nicht immer", betont er. „Gestern erst war eine Kundin da, ich habe von ihr einen Euro verlangt, und sie hat mir fünf gegeben." Dann hat Schuster Seibold keine Zeit mehr, er will sich auf sein Fahrrad schwingen, denn er muss zu einem Vereinstreffen der „Zirkusfreunde Deutschlands".

Der Karlsruher liebt das Spektakel, jedenfalls vermittelt diesen Eindruck ein Wochenende im September. Zum Tag der offenen Tür im Karlsruher Forschungzentrum kommen 40000 Menschen, um sich Labors und Computeranlagen anzugucken. Zum „Kulturfeuerwerk" strömen Jung und Alt ins Kino und Kabarett, zu Jazz und Rock auf zahlreichen Bühnen im ehemaligen Schlachthof. Beim Baden-Marathon sind 8000 Läufer auf den Beinen.

Karlsruhe: Sportstadt, Kulturstadt, Wissenschaftsstadt. Von allem ein bisschen. „Karlsruhe ist gut, weil hier am 1. Mai keine Autos brennen", sagt Designer Luigi Colani, der nach einem Leben auf großer Fahrt in der Stadt am Rhein vor Anker ging. Studentin Beate: „Karlsruhe ist freundlicher als Berlin und nicht so kleinkariert wie Stuttgart." „Karlsruhe ist wie eine Geliebte, die so unscheinbar ist, dass sie einem keiner wegnimmt", weiß Mundartdichter Harald Hurst. „Karlsruhe ist wie Günther Jauch", findet Kleinkünstler Gunzi Heil. „Nicht so extravagant wie Thomas Gottschalk, nicht so frech wie Stefan Raab, nicht so clever wie Harald Schmidt. Jauch ist einfach nett. Er eckt nicht an. Aber wer ihn unterschätzt, macht einen Fehler." □

Bernd Hauser *von der Agentur* Zeitenspiegel *näherte sich Karlsruhe als Auslandskorrespondent. Er lebt in Kopenhagen.*
Hardy Müller *aus Ludwigshafen am Rhein hatte fast ein Heimspiel, als er im nahen Karlsruhe fotografierte.*

Hier kommt man nicht nur ins Staunen.
Hier kommt man auch nicht mehr heraus!

Wer das Leben genießen und gleichzeitig etwas erleben will, ist in Karlsruhe genau richtig – und ganz herzlich willkommen. Denn neben bestem Savoir vivre bietet die junge, offene Stadt im Süden ihren Gästen eine einzigartige Veranstaltungsvielfalt, nicht zuletzt durch das höchst abwechslungsreiche Programm in der Messe Karlsruhe. Ob hochkarätiges Kulturevent, atemberaubender Sportwettkampf, Konzert oder TV-Show – jeder Besuch in Karlsruhe ist etwas ganz Besonderes. Jedes Mal aufs Neue. Probieren Sie es selbst.

Informationen zu aktuellen Messe-Highlights finden Sie im Internet unter www.kmkg.de

Text: Sven Rohde, Fotos: Michael Lange

Gewusst, wie

Forschung, Entwicklung, Anwendung – diesem Dreier hat sich die TechnologieRegion Karlsruhe erfolgreich verschrieben

Dieser Roboter, ertüftelt vom Forschungszentrum Informatik (FZI), ist mehr als ein Hightech-Maskottchen: Die Forscher wollen Humanoide schaffen, die den Menschen im Alltag zur Hand gehen

Zu Hause in einer alten Fabrik, im Keller ein Schiffsdiesel als Notstromaggregat, in den Büros viel Licht und Grün: Web.de, der zweitgrößte Internetprovider. „Wir finden immer die Leute, die wir brauchen", sagt der junge Firmenchef Matthias Greve

Im weltweit größten Tritiumlabor am Forschungszentrum Karlsruhe experimentieren Wissenschaftler mit dieser radioaktiven Variante des Wasserstoffs, die bei der Kernfusion zum Einsatz kommt. Für die Versuche der Forscher genehmigt sind maximal 40 Gramm Tritium. Nur durch Handschuhkästen lässt sich an den Apparaturen hantieren

Vorsicht! Heiße Ware

INTERCOIL STRUCTURE
(ICS)
910700 / 40
25 to
BABCOCK NOELL NUCLEAR GmbH
Würzburg / Germany
2000
ALSTOM
ACCEL

Die Sonne im Labor

Kernfusion – das heißt, die Energie der Sonne auf der Erde erzeugen. Dafür wurde am Forschungszentrum Karlsruhe das Kraftwerk ITER gebaut. Die Testanlage braucht 60 Tonnen schwere, extrem starke Magnetspulen, die Atomkerne der Wasserstoff-Varianten Deuterium und Tritium bei 100 Millionen Grad zusammenpressen, damit sie verschmelzen

Wissen Sie, was ein Petabyte ist? Eine Datenmenge mit fünfzehn Nullen. Ein Petabyte entspricht der gesamten Menge an Wörtern, die alle Menschen in sechs Wochen von sich geben, Babys, Erwachsene und Greise, Maulfaule wie Schwatzhafte. 6000 Jahre dauerte es, wollte man ein Petabyte über eine ISDN-Leitung übertragen, immerhin noch 300 Jahre über eine DSL-Leitung. Aber wer könnte darauf schon warten? Klaus-Peter Mickel wird nur neun Tage warten müssen. Der Leiter des Instituts für Wissenschaftliches Rechnen im Forschungszentrum Karlsruhe zeigt einige Bündel der Glasfaserkabel, die gerade installiert werden. Bald sollen sie die Kapazität von 170 000 ISDN-Leitungen haben.

Auf denen werden dann von 2007 an die Daten petabyteweise eintreffen: aus Genf, wo beim Kernforschungszentrum Cern der weltgrößte Teilchenbeschleuniger mit 27 Kilometern Umfang die Frage klären helfen soll: „Was geschah beim Urknall?" Acht Petabyte Daten werden die Messinstrumente pro Jahr produzieren, und diese Fantastilliarde an Informationen kann nicht mehr an einem Standort gespeichert, erst recht nicht vor Ort von den 8000 Forschern ausgewertet werden, die an dem Projekt beteiligt sind. Deswegen sind weltweit acht Rechenzentren im Bau, die sich die Arbeit teilen sollen und so ein Modell für den Datenaustausch der Zukunft entwickeln. Eines der Rechenzentren entsteht im Forschungszentrum Karlsruhe.

Warum Karlsruhe, Herr Mickel?

„Na ja", sagt der Diplomphysiker, „es gab sechs Bewerber in Deutschland, und wir sind halt übrig geblieben." – Warum? – „Hier stand eine Halle von 1000 Quadratmetern leer, die sich gut eignet." – Weil es hier eine leere Halle gab, Herr Mickel, entsteht bei Ihnen eines der größten Rechenzentren der Welt? – „Ja, gut, wir haben hier schon ein bisschen Erfahrung mit solchen Projekten."

Das Gespräch inmitten eines anwachsenden Parks von zwei Meter hohen Servern

Nano (griechisch: Zwerg), das ist 50 000-mal kleiner als der Durchmesser eines Menschenhaars. Nanotechnologie experimentiert mit den Eigenschaften von Materialien in diesem Zwergenreich. Das 2001 gegründete Zentrum für Funktionelle Nanostrukturen an der Universität Karlsruhe forscht in der Weltspitze

lehrt zweierlei: Karlsruhe ist nicht nur in Deutschland, sondern weltweit einer der renommiertesten Standorte für Technologie- und Grundlagenforschung. Die Einheimischen selbst üben sich lieber in Understatement. „Hochtöner“, wie der ortsübliche Begriff für Dampfplauderer und Angeber lautet, sind hier nicht sonderlich beliebt.

Umso eindrucksvoller ist die Leistungsbilanz, mit der die 1987 geschaffene „TechnologieRegion Karlsruhe“ aufwarten kann, zu der mittlerweile die Städte Baden-Baden, Bretten, Bruchsal, Bühl, Ettlingen, Gaggenau, Karlsruhe, Rastatt, Stutensee und Rheinstetten, die Landkreise Karlsruhe und Rastatt sowie der Regionalverband Mittlerer Oberrhein gehören. Eine Auswahl ihrer Spitzenleistungen:

- Karlsruhe hat die älteste Technische Hochschule Deutschlands.
- Sie hat die beste deutsche Fakultät für Informatik sowie eines der fünf Exzellenzzentren der Deutschen Forschungsgemeinschaft, gleichsam der Ritterschlag für die Qualität der Forschung.
- Drei Fraunhofer-Institute, Spitzeneinrichtungen für industrienahe Forschung, haben in der TechnologieRegion ihren Sitz.
- Die Technologiefabrik Karlsruhe ist eines der ältesten Gründerzentren Deutschlands.
- Die Bruttowertschöpfung pro Erwerbstätigem ist in Karlsruhe um die Hälfte höher als der Bundesdurchschnitt.
- 17 Prozent der Beschäftigten arbeiten in der Hochtechnologie.
- Innovative Produkte aus der Region wie „Uhu“ aus Bühl haben die Welt erobert. Und die Kuppel des Reichstags wurde mit Glas von Bischoff aus Bretten bestückt.
- Weltfirmen wie Siemens, Daimler-Chrysler und Bosch produzieren hier.

Warum hier, Professor Grupp?

Hariolf Grupp, stellvertretender Leiter des Fraunhofer-Instituts für Systemtechnik und Innovationsforschung, geht hauptberuflich der Leitfrage nach: „Wie kommt das Neue in die Welt?“ Auf die Frage, warum das so häufig in Karlsruhe geschieht, hat er eine kurze und eine lange Antwort. Die kurze: „Eine Stadt braucht Glück, und Karlsruhe hatte Glück.“

Und dann setzt er an zu einer Tour d'Horizon, die bei Napoleon beginnt. Dessen Armeen hatten zu Beginn des 19. Jahrhunderts das Rheinland besetzt und aus einem Flickenteppich von Ländles das Land Baden geschaffen. Die Franzosen gingen, ihr Ideengut blieb. Der Code Napoléon wurde badisches Landrecht. 1825 gründete der Großherzog nach dem Vorbild der École Polytechnique in Paris den Vorläufer der Technischen Universität. Seit der Mitte des 19. Jahrhunderts gab Baden mehr Geld für Wissenschaft aus als die anderen deutschen Regionen. Und, das größte Glück für eine Stadt der Wissenschaft, brillante Köpfe forschten und lehrten hier: Heinrich Hertz, der 1887 in Karlsruhe erstmals elektromagnetische Wellen erzeugte; der Physiker Ferdinand Braun, der die Bildröhre erfand und (gemeinsam mit Marconi) den Nobelpreis erhielt; der Chemiker Fritz Haber, dem 1918 der Nobelpreis verliehen wurde.

Am Anfang war Napoleon

Einer, dessen wissenschaftliche Ehren nicht ganz so weit ausstrahlten, der aber dafür umso stärker in die Region wirkte, war Professor Karl Steinbuch. „Ein Visionär“, sagt Hariolf Grupp mit Ehrfurcht in der Stimme. Steinbuch prägte den Begriff „Informatik“, gründete 1972 die erste gleichnamige Fakultät an einer deutschen Uni und legte damit den Grundstein für die Spitzenstellung, die Karlsruhe seither in diesem Forschungsbereich – bei Forschung wie Lehre gleichermaßen – sowie für das deutsche Internet und das Business drumherum spielt.

Und wieder eine Liste von Rekorden:

- Hier wurde das deutsche Internet entwickelt.
- Hier wurde die erste E-Mail von deutschem Boden geschrieben.
- Hier gibt es den größten Internet-Knotenpunkt der Republik.
- Der größte Datenbankbetreiber von Domains in Deutschland, die Firma 1&1, hat hier seinen Sitz und Web.de, der zweitgrößte deutsche Internetprovider, auch.

Das ist ja das Erstaunliche an dieser Region: Sie glänzt nicht nur mit herausragender Forschung von internationalem Rang, sie speist damit auch prosperierende Branchen und erfolgreiche Existenzgründungen. „Wir finden hier immer die Leute, die wir brauchen“, sagt denn auch Matthias Greve, Vorstandsvorsitzender von Web.de.

Und Herbert Hoffmann Nachwuchs für seine Technologiefabrik. 1983 gegründet, ist sie eines der ältesten Gründerzentren in Deutschland, eines der erfolgreichsten und quirligsten sowieso. Im Fahrstuhl, der zu Hoffmanns Büro im 3. Stock der ehemali-

NUTZUNGSDAUER

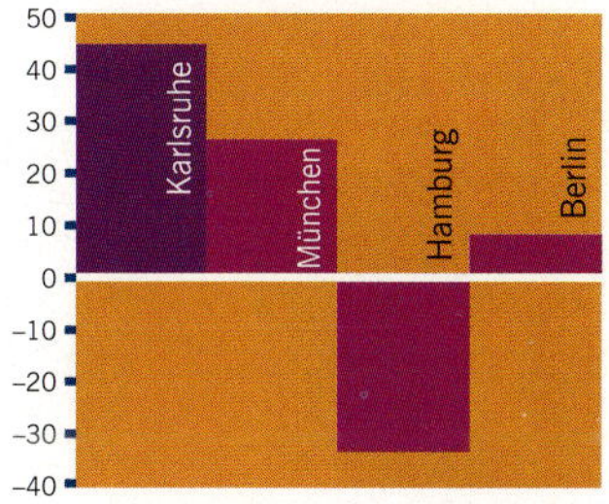

WEBSHOP-INHABER

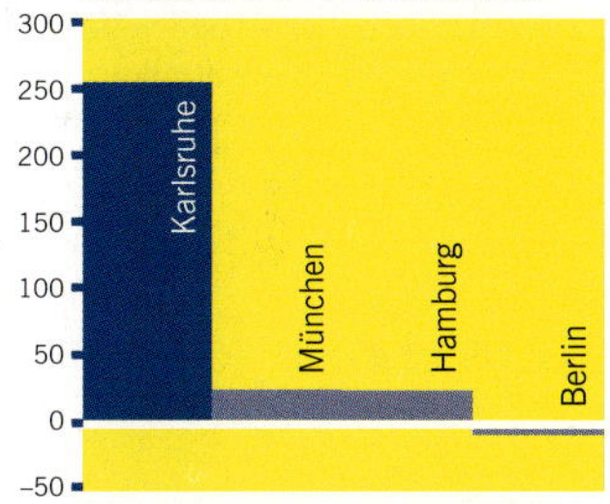

DSL-ANSCHLÜSSE

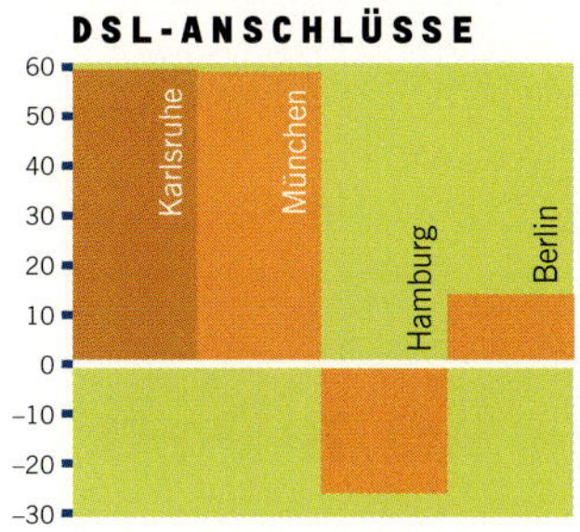

Daten zum Internet: Die Angaben der Grafiken beziehen sich auf einen Vergleich pro 1000 Einwohner in 100 deutschen Städten. Sie zeigen die Abweichung vom Durchschnitt in Prozent

Wissenschaftliche Arbeit – das ist auch Quatschen beim Kaffee: Sechs von 25 000 Jungakademikern in der ältesten Technischen Hochschule Deutschlands

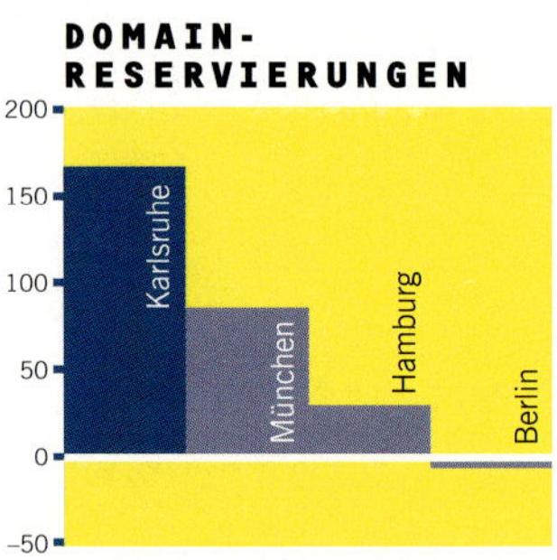

Vom Diplom zum Kaufmann

gen Nähmaschinenfabrik führt, hängt das Verzeichnis der jungen Firmen. Es ändert sich alle paar Wochen: weil stets neue dazukommen, andere im Haus umziehen, weil sie mehr Platz brauchen oder ausziehen.

Oben im Büro die Entsprechung: eine Tafel von vielleicht zwei mal drei Metern, an der bunte Kärtchen hängen. Und ein energischer Hoffmann davor: „Der hier, der braucht bald mehr Platz, diesen Raum haben wir für ihn reserviert; der zieht bald aus, aber vorher muss er noch mal umziehen, weil wir diese Räume für eine neue Firma brauchen." Und so weiter. Ja, schon, manchmal sei er so was wie ein großer Bruder für seine Gründer, Seelsorger gelegentlich auch. „Wir erkennen an der Nasenspitze, wenn bei einem was schief läuft. Den treff' ich dann gezielt beim Essen in der Cafeteria. Nach so vielen Jahren weiß ich ja, wie man den meisten helfen kann."

Dass gute Wissenschaftler und Tüftler nicht von Natur aus erfolgreiche Unternehmer sind, hat man in der TechnologieRegion Karlsruhe früh erkannt. Und ein ganzes Netz aufgespannt, um ihre Schritte in die Selbstständigkeit abzusichern. Neben der Technologiefabrik gibt es das CyberForum, KEIM („Karlsruher Existenzgründungs-Impuls"), BITZ („Bühler Innovations- und Technologiezentrum") und das zip („Zentrum für Innovation und Produktion Rastatt"): Institutionen, die Gründer beraten, begleiten oder ihnen günstige Geschäftsräume mit Service bieten. „Wenn's schnell gehen muss, dann räume ich auch schon mal einen unserer eigenen Büroräume", erzählt Herbert Hoffmann. Und er kann stolz darauf verweisen, dass zum Beispiel Routenplaner und andere weit verbreitete Anwendungen für die Nutzung von GPS in seinem Haus entwickelt wurden.

Aber bleiben wir ehrlich: Zu sehen ist diese Innovationskraft kaum. Karlsruhe ist keine Schönheit, was nicht verblüfft. Das

Forscher sind Querköpfe

Kennzeichnende an moderner Forschung ist ja, dass man nichts sieht. Die Erkenntnisse mögen bedeutend sein, ihre Auswirkungen gewaltig – ihr optischer Reiz ist meistens ziemlich mau. Okay, ein Rastertunnelmikroskop, wie es die Nanotechnologen benutzen, wenn sie Atome sichtbar machen oder neu gruppieren, sieht ziemlich klasse aus, und der Magnet im Forschungszentrum Karlsruhe, der später einmal die Kernfusion ermöglichen soll, ist ein beeindruckendes Monstrum. Aber sonst? Reizlose Gebäude, unscheinbare Laborgeräte, viele Computer.

Was den Unterschied macht, sind die Köpfe. „Einer unserer fähigsten Mitarbeiter", erzählt Dr. Olaf Wollersheim vom Institut für Nanotechnologie am Forschungszentrum, „lag meistens mit halb geschlossenen Augen in seinem Sessel. Wer nicht wusste, welch brillanten Erkenntnisse er dabei hatte, dachte, der schläft. Gute Wissenschaftler sind oft Querköpfe", sagt Wollersheim, grinst und schiebt hinterher: „Und manchmal Anarchisten."

Warum, Dr. Wollersheim? Der setzt gut gelaunt an zu einem Vortrag über das Wesen der Grundlagenforschung und warum die vielen Millionen für sie gut angelegtes Geld sind. Die Chance liege zwar höchstens bei zehn Prozent, dass der an seinem Institut eingeschlagene Weg, Atome in den Dienst der Elektronik zu stellen, erfolgreich sein könnte. Man brauche eben Glück, könne das Glück aber auch zwingen. Und dann sein Credo: „Man muss brillante Köpfe holen, dann kommt schon etwas dabei heraus." Querköpfe und Anarchisten eben, weil die nicht stur auf ein vorgegebenes Ziel zusteuerten, sondern „open minded" seien – offen für alles, was am Wegesrand liegt. „Bahnbrechende Ergebnisse ergeben sich fast immer überraschend."

Es sind die Köpfe, die den Unterschied machen. Und man erkennt sie am Funkeln ihrer Augen. Ein Ranking, das dieses Blitzen zur Grundlage hätte, sähe Professor Albert Albers, Leiter des Instituts für Produktentwicklung an der Uni Karlsruhe, ganz gewiss ganz oben. „Wir spielen", sagt Albers, „in derselben Liga wie das MIT", das legendäre Massachusetts Institute of Technology bei Boston. Das ist nicht die Übertreibung eines Hochtöners. Eines der Highlights: die Entwicklung des humanoiden Roboters, der in zehn Jahren auf die Ansage „Einen Kaffee, bitte!" formvollendet und ohne zu kleckern reagiert.

Aber nicht nur das Niveau der Forschung ist weltspitze, auch in der Lehre ist Erstaunliches möglich, ein Musterbeispiel, wie man Studenten für den Wettbewerb in einer globalisierten Welt fit macht. Teamfähigkeit, Führungskompetenz, Marketing: Auch diese Inhalte stehen auf dem Stundenplan. Und die Besten jedes Jahrgangs können sich für ein Seminar bewerben, in dem sie etwas erfinden müssen – die Lösung für ein konkretes technisches Problem. Dass Studenten

WEBSHOP-UMSATZ

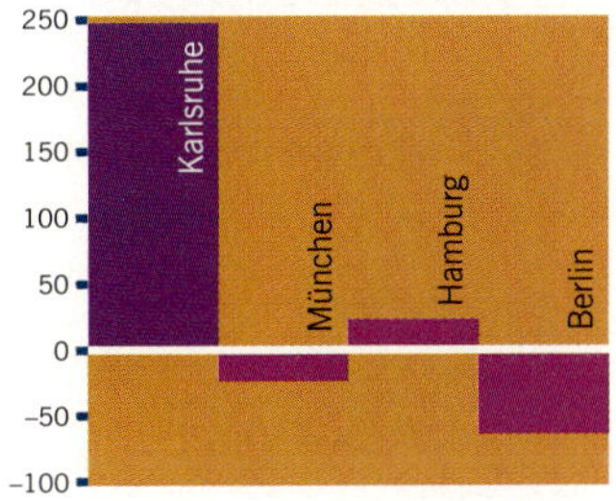

GENUTZTE DOMAINS

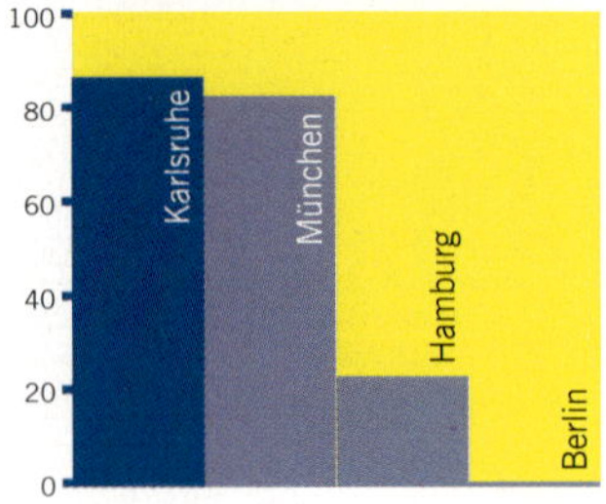

am Institut für Produktentwicklung eine Technik ausarbeiten, die anschließend zum Patent angemeldet wird, gehört zur Normalität. „Unsere Absolventen haben den Marschallstab im Tornister", sagt Albers.

Fast hätten wir geglaubt, mit der TechnologieRegion Karlsruhe die Insel der Seligen (zumindest für die Forschung) gefunden zu haben. Wäre da nicht das Gebäude, das Albers' Institut beherbergt. Über dem Eingang schützt ein Gerüst vor Betonbrocken, die immer mal wieder aus der Fassade

Patente sind Alltag

bröckeln. „Das Haus ist Schrott", kommentiert der Professor knapp – und wirft ein Schlaglicht darauf, wie marode Haushalte die deutsche Forschungslandschaft bedrohen, zumal im Wettbewerb mit den USA. Natürlich, man ist findig in Karlsruhe und äußerst erfolgreich im Geldbeschaffen. Aber wo mühsam ein Netz von engagierten und fähigen Köpfen gesponnen wurde, können schon morgen die Mittel fehlen – das Netz zerreißt, die Kompetenz löst sich auf. Bisher haben sich alle Beteiligten erfolgreich dagegengestemmt.

Und wie kommentieren die Leute von Porsche oder Daimler-Chrysler den Zustand Ihres Instituts, wenn Sie vor Ort millionenschwere Projekte besprechen, Professor Albers? Ist das nicht ein bisschen peinlich? „Ach, wissen Sie", sagt Albers freundlich, „die meisten von denen sind Absolventen von uns. Die kennen das ja." □

Sven Rohde, *freier Journalist in Hamburg, hat selten so sehr seiner Reporter-Leidenschaft für Forschung frönen können wie in der TechnologieRegion Karlsruhe.*

Michael Lange, *Hamburger Fotograf, weiß wie kaum ein anderer, die für Laien fremde Welt der Labors mit seiner Kamera attraktiv zu machen.*

Beim Projekt KASCADE messen Wissenschaftler des Forschungszentrums Karlsruhe unter freiem Himmel Teilchenschauer aus den oberen Schichten der Atmosphäre

Karlsruhe und die Kraft der kleinen Kügelchen

DHU

Karlsruhe steht für Recht und Technologie – und ist auch heimliche Hauptstadt der Homöopathie: Von hier aus liefert die Deutsche Homöopathie-Union ihre Arzneimittel in alle Welt.

Sie sind klein, weiß und besitzen große Heilkraft: Globuli, die für die Homöopathie so charakteristische Darreichungsform. Was kaum einer weiß: Ihre heimliche Hauptstadt heißt Karlsruhe. Dort stellt die Deutsche Homöopathie-Union (DHU) ein wohl einzigartiges Sortiment von mehr als 400.000 homöopathischen Arzneimitteln in verschiedenen Darreichungsformen her. Das Unternehmen ist weltweit einer der bedeutendsten pharmazeutischen Hersteller homöopathischer Präparate, Marktführer in Deutschland und mit über 400 Beschäftigten ein wichtiger Arbeitgeber und bedeutender Wirtschaftsfaktor in der Technologieregion Karlsruhe. Das Erfolgsrezept? Eine ausgewogene Mischung aus Tradition und Fortschritt: Modernste Produktionsverfahren sorgen für höchste Qualität und Sicherheit der Arzneimittel – die Prinzipien jedoch gehen zurück auf den Urvater der Homöopathie, Samuel Hahnemann (1755–1843). Für dessen Reiz- und Regulationstherapie engagiert sich das Unternehmen, eingebunden in die Unternehmensgruppe Dr. Willmar Schwabe, seit mehr als 130 Jahren. Erklärtes Ziel ist es, das für die Homöopathie notwendige breite Arzneimittelspektrum zu bewahren und in höchster Qualität anzubieten. Dabei beginnt die Qualität schon beim Ausgangsmaterial. Hierzu unterhält die DHU eigene, zertifizierte und ökologische Arzneipflanzenkulturen.

Trotz modernster Verfahren gilt auch heute unverändert: Jedes Arzneimittel wird – ganz im Sinne Hahnemanns – von Hand verschüttelt, bevor es von Karlsruhe aus in die weite Welt geht.

Tradition und Fortschritt: qualitativ hochwertige Arzneimittel, handverschüttelt nach Hahnemann. DHU – ein Name steht für Homöopathie.

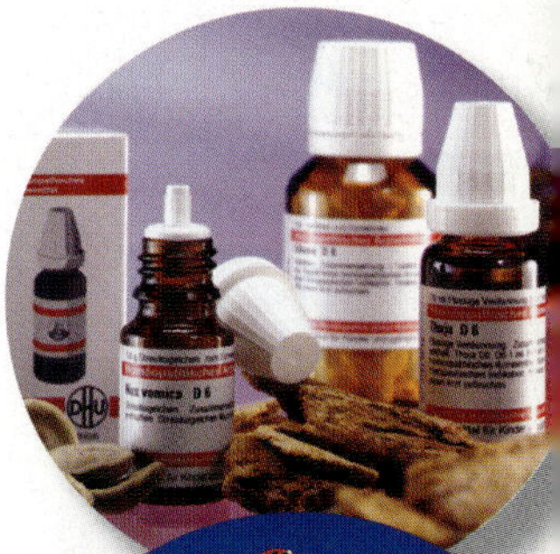

Der kurze Weg zur Information:

Weitere Informationen zum Unternehmen, zu den Arzneimitteln und zur Homöopathie erhalten Sie kostenlos unter: Deutsche Homöopathie-Union, Postfach 41 02 80, 76202 Karlsruhe, www.dhu.de, Telefon 07 21/40 93-1 81, Telefax 07 21/40 93-2 63

DHU – ein Name steht für Homöopathie

„Hier fühle ich mich wohl"

Der Philosoph Peter Sloterdijk analysiert seine Geburtsstadt Karlsruhe, der Komponist Wolfgang Rihm hält dagegen

Interview: Benno Stieber und Peter Mayer, Fotos: Cira Moro

Nachdenklich, verschmitzt: die Professoren Peter Sloterdijk und Wolfgang Rihm in der „Oberländer Weinstube“

MERIAN: Herr Sloterdijk, Sie sind in Karlsruhe geboren, waren in München und Hamburg, jahrelang in Indien und sind 1992 wieder nach Karlsruhe gekommen. Welche Bedeutung hatte diese Rückkehr für Sie?

Sloterdijk: Es ist eigentlich nicht normal zurückzukehren. Man kennt das nur aus der Odyssee oder der Erzählung von Magellan und seinen Schiffen. Weltumsegler sollten – wenn es geht – in den Heimathafen zurückkehren. Oder Männer, die vor Troja gekämpft haben. Ich kam mir ironischerweise schon wie ein heimgekehrter Odysseus vor, als ich den akademischen Ruf nach Karlsruhe bekommen habe. Man ist ja nicht vierzig Jahre weg gewesen, um dann doch wieder auf den Geburtsort hereinzufallen.

Hatten Sie noch Wurzeln hier?

Ich war fünf oder sechs, als wir nach München gegangen sind. Das ist ein Alter, in dem man sich zum Patriotismus nicht eignet. Kinder sind nicht an Orten zu Hause, sondern in Beziehungen zu ihren Eltern. Meine wenigen Versuche einer Spurensuche in Karlsruhe waren völlig vergebens. Ich hab' die Adresse unserer elterlichen Wohnung, die wir in den 50er Jahren bewohnt haben, aufgesucht, aber da war nichts zu sehen, nichts zu lernen und nichts zu fühlen. Da ist nichts, wohin ich zurückkehren könnte. Biografische Kreisläufe dieses Typs bedeuten nicht viel, wenn man verstanden hat, dass man eigentlich nie an seinen Ursprung zurückkehrt.

Welche Überlegungen haben eine Rolle gespielt bei der Entscheidung, als Professor nach Karlsruhe zu gehen?

Dass ich mich bei einem Besuch hier, als die Sache spruchreif wurde, wohl gefühlt habe. Diese rheinländischen Stimmungen, das war etwas, woran ich anknüpfen konnte. Ich habe damals auch geglaubt, dass ich mit den Menschen hier gut zurechtkomme. Das hat sich bewahrheitet, auch wenn ich an den Karlsruhern vieles vermisse, was ich an den Münchnern im Übermaß gefunden habe. Eigensinnige, kommunikative Köpfe, milieubildende Energie, das hat es in München in vielfältigen Formen gegeben. Hier hab' ich das nie erlebt. Ich erlebe Karlsruhe nicht als soziales Kraftfeld. Vielleicht genügen aber auch zwölf oder dreizehn Jahre nicht, um Karlsruher Geselligkeit zu erschließen.

> **„Die Stadt hat das Beste empfangen, was das 18. Jahrhundert zu bieten hatte: Aufklärung von oben."**

Karlsruher Geselligkeit, können Sie die beschreiben?

Als Völkerkundler würde ich behaupten, dass es so was geben muss. Weil sie selbst bei wilden Stämmen auftritt. Ich kenne keinen Grund, warum Karlsruhe eine Ausnahme machen sollte. Es gibt hier aber andere, merkwürdige Kräfte, die in meinen Augen neutralisierend wirken. Überall sonst gibt es Verrücktheitsgruppen, farbige Communities. Hier spüre ich nichts. Ich nehme in Karlsruhe auch keine Jugendszene wahr.

Wo sind da die Studenten? Die müssten doch eine solche Stadt mitprägen.

Wir haben ein ungeheuer interessantes wissenschaftliches Biotop. Wir haben hochrangige Fakultäten an der Universität, wir haben eine Musikhochschule von Weltruf, die Hochschule für Gestaltung, an der ich selber lehre, und wir haben das ZKM, das Zentrum für Kunst und Medientechnologie. Aber von dem redet man mehr in New York und Korea, Paris und Berlin als in Karlsruhe.

Spiel mit dem Feigenblatt: Wolfgang Rihm und Peter Sloterdijk als souveräne Spaßvögel

Welche Kräfte sind es, die das Junge, das Temperamentvolle in Karlsruhe neutralisieren?
Ich glaube, es gibt bei den Karlsruhern so etwas wie ein pathologisches Familiengeheimnis. So ein Gebot: „Du sollst nicht merken!“ Es ist ja bei Psychoanalytikern gut beschrieben, dass Eltern, die ein pathogenes Geheimnis mit sich tragen, an ihre Kinder den Auftrag weitergeben: „Du sollst nicht merken.“ Mir kommt es so vor, als hätte Karlsruhe eine Menge solcher Du-sollst-nicht-merken-Kinder hervorgebracht.

Was soll das für ein düsteres Familiengeheimnis der Karlsruher sein?
Es gehört zur Gründungslegende der Stadt, dass der Landesvater, bevor er zum vorbildlichen Herrscher wurde, ein absolutistischer Despot war mit all den schlechten Gewohnheiten aristokratisch liberaler Erotik. Er soll sich ja im Karlsruher Schloss an die 50 Geliebte gehalten haben. Der Name Karlsruhe drückt aus, dass er hier etwas gesucht hat, was es in seinem Stammschloss Durlach nicht gab. Es nennt sich Karlsruhe, aber das psychoanalytisch geschulte Ohr nimmt das als Deckwort dafür, dass hier kein Ruheort war, sondern ein Ort der Ausschweifung, an dem ein Landesfürst sein Highlife organisiert hat. Aber man hat nicht darüber gesprochen. Das hat sich in eine besondere Form von Karlsruher Diskretion bis heute übertragen.

„Mir kommt es so vor, als hätte Karlsruhe eine Menge Du-sollst nicht-merken-Kinder hervorgebracht.“

Verklemmtheit, verdrängte Konflikte – gehört Karlsruhe auf die Couch?
Na ja, immerhin hat die Stadt bei ihrer Gründung noch das Beste empfangen, was das späte 18. Jahrhundert zu bieten hatte: Aufklärung von oben. Die Wahrheit, die Rationalität galten unter den Fürsten als viel zu wichtig, um sie dem Volk nach Gutdünken zu überlassen. Sie wurde ihm gewährt. Demokratie von oben, Stadtplanung von oben, Toleranz von oben, das ist der Karlsruher Geist.

Umso erstaunlicher, dass es das ZKM, die Musikhochschule oder die HfG gibt. Wie ist das möglich?
Also, der Gründer der HfG, Heinrich Klotz, war sicher auch ein moderner absolutistischer Fürst. Die Tatsache, dass hier noch gegründet werden konnte, war eben in der jungen Stadtgeschichte angelegt. Wenn Sie sich die Gebäude anschauen, in denen die HfG und das ZKM untergebracht sind, dann sind das ganz große Beispiele für moderne Industriearchitektur. Dieser Hallenbau, das ist ja ein weltweit wiedererkennbares Wahrzeichen. Diese zehn Lichthöfe sind inzwischen symbolstärker als die Pyramide oder das Schloss. Ganz abgesehen davon, dass wir gerne stolz darauf hinweisen, dass es das Gebäude vom Raumvolumen mit dem Centre Pompidou in Paris allemal aufnimmt. Gemessen an dem, was sich dort abspielt, ist es sogar überlegen. Schon allein, weil hier Museen und Forschungsstätten gemeinsam zu Hause sind. Dennoch ist Karlsruhe selber eine Stadt ohne wirkliche Bedeutung. Wirklich kosmopolitische Aura, wirkliches Auftreten in der Welt gibt es nur in Städten, die eine Oberschicht haben. Karlsruhe hat sie nicht, trotz der bedeutenden juristischen Intelligenzija, trotz kulturell offener Großhändler und trotz eines Großbeamtentums.

Fühlen Sie sich als Intellektueller allein?
Nein. Für mich ist es hier angenehm. Ich brauche Ruhe und Konzentration, Diskretion. Kosmopolitisch und ungemütlich bin ich selber. Ich brauche um mich herum keine weiteren schöpferischen Ungemütlichkeiten, wie sie etwa Berlin zu bieten hätte.

Sie sehen sich als Erforscher der Welt, betrachten die aber lieber aus provinzieller Distanz. Ein Widerspruch?
Ich glaube, dass es heute nicht mehr diesen Unterschied zwischen Provinz und Metropole gibt. Heute kann man in einer Mittelstadt oder auf einem Dorf genauso viele Erfahrungen über die gegenwärtige Welt machen. Ich kenne viele New Yorker, die ein Brett vor dem Kopf haben. Und es gibt viele Karlsruher Provinzler, die Weltmenschen sind. Philosophie lebt sehr stark aus dem eigenen Feuer, auch wenn sie natürlich Anregungen braucht. Aber die kommen weniger aus einer Hauptstadt als aus der Werkstatt anderer, Künstler, Philosophen und Schriftsteller.

Ist Karlsruhe ein ideales Biotop für Sie?
Ja, ein wunderbares. Die Rheinauen, die ich als passionierter Radfahrer gut kenne, sind singulär: die vielen Nebenarme des Altrheins, diese toten Gewässer und naturbelassenen Urwälder. Es ist eigentlich so eine kleine Riviera, die sich da am Rhein hinunterzieht. Der Sommer ist ein richtiger Sommer, da muss man nicht wegfahren. Da kann man sehr glücklich sein.

Ist der Kopf frei, wenn Sie auf dem Rad sitzen?
Bei Schriftstellern gibt es diesen Unterschied zwischen Freizeit und Arbeitszeit ja nicht. Wenn man es tragisch formulieren wollte oder kitschig, was in diesem Fall dasselbe ist: „Die Arbeit hört nie auf.“ Daher kann ich über die Natur rund um Karlsruhe als Arbeitsraum nur das Beste berichten. Man muss aber immer Kugelschreiber und Papier dabeihaben. Ich gehe keinen Schritt ohne. Der Jungautorenleichtsinn sagt einem, die gute Idee kommt wieder. Das ist leider nicht so. Ich merke, dass ich vergesslicher werde.

Karlsruhe bewirbt sich für 2010 um den Titel, Kulturhauptstadt Europas zu sein, und will seinen Titel „Residenz des Rechts“ in die Waagschale werfen. Sie unterstützen diese Initiative?
Weil es mir als eine gute Idee erscheint, Karlsruhe als Hauptstadt des Rechts ins Rennen zu schicken. Es ist eine große Chance, das ausgelaugte Konzept Kulturhauptstadt zu reanimieren mit einem wichtigen Thema, dem Recht. Es wäre mal ein Thema, das nicht auf Stadtmarketing gründet. Karlsruhe hat eine Idee. Seit 200 Jahren ist das Recht aus der Allgemeinbildung ausgegliedert. Das ist ein schlimmer Zustand. Die Karlsruher Bewerbung bietet eine Chance für Deutschland und Europa, sich mit einer Frage auseinander zu setzen, der man normalerweise ausweicht: Wie steht es um den Zustand des Rechts?
Aber wird da den Karlsruhern nicht mal wieder wie so oft etwas von oben übergestülpt?
Das ist Karlsruhe-typisch. Die Idee ist nicht sexy und erst auf den zweiten Blick stark, aber genau deshalb sollte Karlsruhe dafür kämpfen. □

GEGENDARSTELLUNG

Lieber Peter,

im Gegensatz zu deinem Odysseus bin ich eher ein Antaios, jener Riese, der, sowie er fallend den Mutter-Boden berührt, frisch gekräftigt wieder hochschnellt: eine besonders subversive Form der Unbesiegbarkeit, denn jeder, der ihn im Kampf zu Fall bringt, trägt zu dieser Unbesiegbarkeit bei. (Leider wird ihn der provinzielle Terminator Herakles dadurch zu Fall bringen, dass er ihn am Fallen hindert...) Die Karlsruher Diskretion ist von ähnlich subversiver Potenz: Jeder, der sie moniert, zeigt ihren Wert umso stärker. Vielleicht heißt der verinnerlichte Mahnspruch ja auch nicht „Du sollst nicht merken“, sondern „Du sollst nicht damit angeben, dass du längst gemerkt hast“.

Die selbstbezogene Provinzialität Karlsruhes ist eine des Mittelpunkts; aber nicht statisch, sondern im Fluss. Die Mitte Europas und der Rheinstrom wirken da ein. Der von Jefferson bewunderte, wohl freimaurerisch inspirierte Stadtgrundriss, der Fächer, ist doch das ideale Symbol für Ausstrahlung und Konzentration zugleich: Die vom Mittelpunkt wegstrebenden Linien führen auch zu ihm hin. Warum wärst du sonst wieder hier?

Ein metropolentypischer akademischer Betrieb wäre dir doch gar nicht gewachsen. Goethe und Schiller lebten ja auch nicht in Berlin oder München. Neulich meinte einer: Karlsruhe sei ein neues Weimar. Gut, dass man das hier diskret behandelt. Heute genügt es, dass wir von hier aus weltweit wirksam sein können: Du durch deine Bücher und mediale Präsenz, ich durch mein Medium der Präsenz, die Musik, die Gott sei Dank nicht übersetzt werden muss. Uns nährt hier eine Lebenskultur, die etwas mit der vom Stadtgründer verbrieften Religionsfreiheit zu tun haben muss: Fundamentalismus, Eiferertum und andere Techniken der Selbstzersetzung wirst du hier nicht finden. Eher eine gewisse lebensfrohe Melancholie. Der Stadtgründer hatte, um an Arbeitskräfte zu kommen, auch eine Amnestie erlassen. Gut möglich, dass geläutertes Gaunertum den idealen Fond für jene diskrete Liberalität bildet, die uns hier in Ruhe tätig und produktiv, also unruhig, sein lässt.

Zum Wohl!
Dein Wolfgang

Stilles Wasser

Die Rheinauen

Seelenruhe, Sommerzeit: Am südlichsten Zipfel des Goldkanals geht beim Ort Steinmauern dieser Angler auf Karpfen und Schleie

Im Wechselspiel von Hoch- und Niedrigwasser entfaltet sich hinter den Ufern des Oberrheins paradiesische Wildnis

Hahnenfuß flutet im Federbach nahe dem Karlsruher Naturschutzzentrum Rappenwört, das Exkursionen durch die Wunderwelt des Auwaldes veranstaltet

Wo man auf Anhieb zum Naturkind werden kann

Seilschaft am Fermasee: kleine Wasserratten aus Rheinstetten

Aus einem angeschwemmten Weidenstamm kann sich ein ganzer Wald neu bilden

Altrhein-Trip: Kanuten der „Rheinbrüder Karlsruhe" asten sich zum Bellenkopf. Das Gewässer liegt wie eine Schlinge im Land, gesäumt von Weiden, die nasse Füße lieben

Text: Bernward Janzing
Fotos: Hardy Müller

Großreinemachen am Rhein

Der Rhein hat sich gewandelt: von der Kloake zum Badewasser

Sacht plätschern die Wellen an die gepflasterte Böschung. Der tief liegende Frachter, der sie herübergeschickt hat, ist flussabwärts vorbei. Der Hund an Bord kläfft nicht mehr Richtung Ufer und hat sich wieder zum Dösen eingerollt. Die bunten Luftmatratzen der badenden Kinder tanzen kaum noch im Wasser. Doch loslassen wäre riskant: Die Strömung hätte sie rasch davongetragen.

Die Kids strampeln, dass es spritzt, werfen sich die graue Gischt ins Gesicht und kreischen vor Übermut. Schließlich ist's genug. Sie robben an Land und werfen sich atemlos ins Ufergras.

Der Rhein – ein Badeparadies, wenn auch verboten.

Wer hätte es gedacht, damals, vor zwei Jahrzehnten. Als dieser Strom Kloake war. Als Umweltminister Klaus Töpfer sich medienwirksam im schwarzen Neopren in die Flut stürzte, peinlich darauf achtend, dass er von der versifften Brühe nichts in den Mund bekam.

Viel hat sich getan in den Jahren. Fast könnte man sagen: einer Katastrophe sei Dank. Es war Anfang November 1986. Ein Unfall bei der Chemiefirma Sandoz nahe Basel hatte über viele Kilometer alles Leben im Fluss vernichtet. Tausende von Tonnen toter Fische schwammen eines Morgens in einem durch Chemikalien rötlich gefärbten Sud. Unaufhaltsam zog die Giftwelle Richtung Nordsee; alle Wasserwerke bis Rotterdam wurden alarmiert. „Tschernobyl des Rheins", sagten die Leute – die Reaktorexplosion in der Ukraine hatte sich erst wenige Monate davor ereignet.

Der Sandoz-Schock saß tief bei den Anliegern, und er war heilsam. Schon im Jahr darauf formulierte eine „Internationale Kommission zum Schutze des Rheins" Vorschläge, wie das Ökosystem des Flusses zu retten sei. Etwa durch bessere Kläranlagen im Chemiezentrum Basel. Am Ende wollten die Anrainer die Wiederkehr der Lachse feiern.

Der Rhein, den man mit nationalstaatlichem Tremolo gerne Schicksalsstrom nannte, war mal Grenzfluss, mal war er es nicht. Selbst in den Versailler Verträgen nach dem Ersten Weltkrieg wurde um ihn gefeilscht, und schließlich bekam Frankreich die Nutzungsrechte. Konsequenz: der Bau des Grand Canal d'Alsace, des Rheinseitenkanals ab dem Jahr 1925.

Doch auch davor war er eine begehrte Baustelle der Ingenieure. Sie trieben ihm die Laune aus, die Rheinebene fast in voller Breite für sich zu beanspruchen. Sie bauten den Schiffen einen geraden Weg, befestigten die Ufer und errichteten Schleusen, in denen die Wasserkraft von künstlich geschaffenem Gefälle Turbinen in Schwung bringt und Strom erzeugt. „In der Regel sollten in kultivierten Ländern die Bäche, Flüsse und Ströme Kanäle sein und die Leitung der Gewässer sollte in der Gewalt der Bewohner stehen." Das schrieb der Karlsruher Oberst Johann Gottfried Tulla und legte 1817 im Auftrag des Großherzogs von Baden los. Gnadenlos ließ er den Rheinlauf begradigen. Am Ende, im Jahr 1876, lange nach Tullas Tod, war der längste Fluss Deutschlands zwischen Basel und Bingen um 81 Kilometer kürzer geworden.

Gut für die Schiffer, schlecht für die Natur: Rasanter, als einem lieb sein konnte, strömte das Wasser fortan der Nordsee entgegen. Die Erosion nahm zu. Und zugleich stieg das Hochwasserrisiko unterhalb von Karlsruhe. Dort nämlich reichte der Querschnitt des Strombetts nicht mehr aus, um bei starkem Dauerregen der Wassermassen Herr zu werden.

Aber man hat aus der Rheinbegradigung auch gelernt. Nicht zuletzt einer bitteren Bilanz wegen: Nur zwei Prozent der einstigen Auwälder sind heute noch in naturnahem Zustand erhalten. Und die Ökologen möchten zumindest einen Teil jener 130 Quadratkilometer amphibischer Flur zurückgewinnen, die Tulla einst vom Rheinwasser abschnitt. Nicht purer Ökoeifer ist es, der die Rheinanlieger – allen voran Baden-Württemberg – umtreibt. Sondern die Angst vor immer häufigerem Hochwasser.

So werden in den kommenden Jahren auf deutscher Seite 13 Regenrückhalteräume gebaut. 167 Millionen Kubikmeter Wasser können sie aufnehmen. Keine toten Wannen in der Landschaft sollen es sein, sondern biologisch wertvolle Auen. Auf dass sich die einst typischen Tier- und Pflanzengesellschaften wieder zusammentun – Eisvögel und Kormorane zwischen mächtigen Bäumen, umrankt von Girlanden aus Lianen.

Weil das aber nur gelingen wird, wenn die Flächen tatsächlich regelmäßig unter Wasser stehen, sollen sie – Hochwasser oder nicht – nach Plan etwa 15 Tage im Jahr geflutet werden. Und so hofft man auf die Rückkehr eines Stücks jener Natur, die man hier vorfand, ehe Oberst Tulla zulangte. Denn irgendwie weint man den urtümlichen Rheinmäandern noch immer nach. „Landschaft

Amazonas? Rheinaue. Die Erlen mit ihren Wurzelbärten halten die Ufer des Fermasees

mit Phantomschmerz", schrieb einmal die „Badische Zeitung". Es war nicht der einzige Schmerz, den der Grenzfluss erleiden musste, jener europäische Riese, der am Sankt Gotthard entspringt, den Bodensee durchquert, die mächtigen Zuflüsse Aare, Mosel, Main, Maas und Neckar aufnimmt und schließlich in der Nordsee mündet. Denn auch mit der Nutzung der Wasserkraft wurde dem Rhein manches genommen. Vor allem der Lachs. 21 Wasserkraftwerke, die über einen Zeitraum von 80 Jahren zwischen Bodensee und Karlsruhe entstanden, versperren den Fischen den Weg zu ihren Laichgründen.

Aber es hat auch hier längst ein Umdenken eingesetzt. Und es hat einen programmatischen Namen: „Rhein-Lachs 2000". Unterhalb des Kraftwerks bei Iffezheim waren die Wanderfische bald wieder zu Hause, nachdem man die Wasserqualität verbessert und Anfang der neunziger Jahre Millionen von Setzlingen in die Fluten tauchen ließ. Seither geht es darum, den Fischen den Weg vorbei an den Staustufen frei zu machen.

Die erste Barriere ist überwunden. In Iffezheim wurden vor einigen Jahren 17 Millionen Mark in eine Fischtreppe investiert – die größte Europas. Das 300 Meter lange Bauwerk ermöglicht es den Tieren, den Höhenunterschied am Wehr von elf Metern zu überspringen.

Das Kraftwerk Gambsheim soll folgen. Dann wird der Lachs bis Straßburg schwimmen und in die rechtsrheinische Kinzig. Wird es wieder so sein wie in längst vergangen Zeiten, als er, so künden Überlieferungen, „sogar den Knechten und Mägden als Kost vorgesetzt" wurde?

Allen Wasserbauern zum Trotz: Einige Naturschutzgebiete blieben am Rheinufer erhalten. Der Taubergießen nahe dem berühmten Weinberg Kaiserstuhl und das Naturschutzgebiet Rastätter Auen. Diese Areale, die wechselnd überflutet werden und anschließend wieder trockenfallen, entwickeln eine Artenvielfalt, die an tropische Verhältnisse heranreicht.

Neunzig Brutvogel-, 45 Libellen- und mehr als 400 Schmetterlingsarten sowie zahlreiche anderswo gefährdete Amphibienarten haben Biologen in den Rastatter Rheinauen gezählt. Es gedeihen die Schwarzpappel, die Grauerle und vor allem die Silberweide. Die lieben nasse Füße. Stieleiche, Flatterulme, Esche, Wildapfel und Wildbirne wurzeln auf den seltener überfluteten Standorten. Sträucher und Lianen bilden einen dichten, vielstufigen Wald. Bekannt gemacht hat das Gebiet vor allem das Auen-Institut des WWF in Rastatt, das, sich 1985 gegründet, sich rasch einen großen Namen als Zentrum der Flussökologie erwarb. Heute ist es der Universität Karlsruhe angegliedert.

So sehr in dieser Region der mehr als 200 Meter breite Rhein und seine Auen eine Barriere waren, so wenig haben sich die Menschen drüben im Elsass und rechtsrheinisch in Baden auseinander dividieren lassen. Sie blieben Alemannen, wer immer sie regierte.

Die Parallelen im Umgang mit staatlicher Hoheit sind deutlich: hier die Abgrenzung gegen preußische Hörigkeit, dort gegen die Pariser Zentralgewalt. Die badischelsässischen Bürgerinitiativen, die gegen Chemiewerke und Atomreaktoren beiderseits des Rheins kämpften, sind bis heute das wohl greifbarste Beispiel einer grenzüberschreitenden politischen Bürgerkultur.

„Warum trennt uns der Rhein?" fragt ein alemannisches Sprichwort. Die Antwort: „Damit wir zeigen können, wie man Brücken baut." □

Bernward Janzing, *Biologe und Geograph, lebt in Freiburg und ist auf Umwelt- und Energiethemen spezialisiert.*

Rheinregulierung
So hieß das Jahrhundertwerk, durch das nach den Plänen des Karlsruhers Johann Gottfried Tulla der Rhein auf Stromlinie gebracht und zwischen Basel und Bingen um 81 Kilometer kürzer wurde. Die hydrographische Karte aus der Zeit nach 1820 zeigt die neue Schifffahrtsstraße bei Neuburg und Sondernheim als dicken roten Strich

Text: Eberhard Jäckel

Soldaten gegen Demokraten

Preußisches Militär hat die badische Revolution von 1849 niedergeschlagen. Dennoch waren die Badener die Ersten in Deutschland, die allgemeines Wahlrecht, Bildung für alle und staatliche Fürsorge durchsetzten

Das erste deutsche Parlamentsgebäude, das eigens für diesen Zweck errichtet wurde, stand in Baden. Es war das von 1820 bis 1822 erbaute so genannte Ständehaus in Karlsruhe. Prächtig gestaltet, enthielt es zwei Plenarsäle für die beiden Kammern, etwa 20 weitere Räume für die Kommissionen und Sekretariate sowie Dienstwohnungen für den Präsidenten, den Kanzleidiener und den Hausmeister.

Im Zweiten Weltkrieg brannte das Ständehaus bei einem Luftangriff aus, und obwohl es leicht hätte wieder aufgebaut werden können, wurde die Ruine 1961 abgerissen. Man brauchte den Bau nicht mehr. Der Landtag des neuen Bundeslandes Baden-Württemberg tagt seit 1953 in Stuttgart, wo er 1961 ein eigenes Gebäude erhielt.

Das Großherzogtum Baden, eine Schöpfung der napoleonischen Zeit, hatte seit dem 22. August 1818 eine Verfassung, die übrigens auch die erste im Deutschen Bund gewesen wäre, doch die bayerische trat einige Wochen früher in Kraft. Sie sah ein Zweikammersystem vor, die Erste Kammer mit Vertretern des Adels, der Kirchen und Universitäten. Diesem Oberhaus stand die Zweite Kammer gegenüber. Sie war an der Gesetzgebung beteiligt und hatte 63 Abgeordnete, die allerdings indirekt durch Wahlmänner ernannt wurden und ein bestimmtes Vermögen besitzen mussten.

Damit war Baden noch keine Demokratie. Aber es entwickelte sich, zumal in der Zweiten Kammer, ein parlamentarisches Leben wie in keinem anderen deutschen Staat. Die Wahl der Wahlmänner führte zu regelrechten Wahlkämpfen. Die Debatten über die Gesetzgebung waren lebhaft und wurden von der Öffentlichkeit ebenso lebhaft begleitet.

Noch bedeutender war, dass die Liberalen seit den Wahlen von 1846 die Mehrheit hatten und sogar an der Regierung beteiligt waren. Mit Johann Baptist Bekk stand ein liberaler Abgeordneter an der Spitze des Innenministeriums. Als während der Märzrevolution des Jahres 1848 anderswo in Deutschland allenthalben liberale Minister ernannt wurden, war das in Baden schon zwei Jahre zuvor geschehen. Hier erübrigte sich auch eine Neuwahl. Das Parlament blieb durch das ganze Revolutionsjahr bis Mai 1849 bestehen. In Baden waren die Liberalen bereits regierende Partei.

Freilich hatte sich gerade aus diesen fortschrittlichen Verhältnissen eine Spaltung der Liberalen in eine gemäßigte und eine radikale Partei ergeben. Während die einen die Regierung unterstützten und Reformen im Rahmen des bestehenden Systems anstrebten, traten die anderen, die man Radikale oder Demokraten nannte, in die Opposition. Sie hatten sich im Herbst 1847 in Offenburg ein entsprechendes Programm gegeben. Ihr Anführer war der überaus populäre Abgeordnete Friedrich Hecker. Der Gegensatz zwischen gemäßigten Liberalen und Demokraten äußerte sich vor allem im Wahlrecht. Während die einen meinten, nur die Besitzenden und Gebildeten dürften wählen, forderten die anderen gleiches Wahlrecht für alle. Der Streit war heftig und grundsätzlich. Wenn alle wählten, so argumentierten die Liberalen, würden die Ärmeren die Mehrheit haben und könnten damit die Steuern so senken, dass der Staat unregierbar würde.

Im Revolutionsjahr 1848 spitzte sich der Streit zu. Im März gaben sich die Demokraten ein noch radikaleres Programm. Einige forderten sogar die Ausrufung der Republik. Im April wagte Hecker einen Aufstand, der allerdings kläglich zusammenbrach. Wie stark die Demokraten waren, erwies sich bei den Wahlen zur verfassunggebenden Nationalversammlung in der Frankfur-

Hilfe von jenseits des Rheins: Hoch zu Pferd empfangen badische Revolutionäre pfälzische Gesinnungsgenossen in Karlsruhe

Die 48er: badische Opposition mit Lorenz Brentano (Mitte)

ter Paulskirche, als von den 20 badischen Mandaten 14 auf Demokraten entfielen. In keinem anderen deutschen Bundesstaat war ihr Anteil so hoch. Die Regierung Bekk trug diesem Umstand Rechnung und kam den Reformbestrebungen weit entgegen.

Trotzdem brach in Baden im Mai 1849 eine Revolution aus. Allenthalben hatten sich demokratische Volksvereine gebildet. Am 12. Mai traten sie in Offenburg zu einem Landeskongress zusammen, auf dem in erster Linie eine gesamtbadische Vertretung der örtlichen Volksvereine, der Landesausschuss, gewählt werden sollte. Doch dann überstürzten sich die Ereignisse. In diesen Tagen, als das gesamtdeutsche Verfassungswerk zu scheitern drohte, kam es in Rastatt und den meisten anderen Garnisonsstädten zu Unruhen. Sie führten binnen kurzem zum Aufstand beinahe des ganzen badischen Militärs und des Volkes. Am 13. Mai begab sich der gerade gewählte Landesausschuss nach Rastatt, und in der Nacht floh Großherzog Leopold aus Karlsruhe. Dort herrschte Chaos, worauf der Gemeinderat den Landesausschuss bat, die Regierung zu übernehmen. So kamen die Demokraten an die Macht. Sie hatten sie nicht direkt mit Gewalt erstritten, sie war ihnen in der entstandenen Lage zugefallen.

Gleichwohl war ihr Sieg vollständig. Der Vorsitzende des Landesausschusses der Volksvereine, Lorenz Brentano, übernahm die Regierung und den gesamten Staatsapparat. Insofern ist die badische Revolution die einzig gelungene in der deutschen Geschichte. So-

Viele badische Freiheitskämpfer flohen nach Amerika und machten dort politische Karriere

Feuertod: So stellt ein Künstler 30 Jahre später das Ende der badischen Revolution von 1849 dar

fort wurden Wahlen zu einer verfassunggebenden Versammlung ausgeschrieben und am 3. Juni in Ruhe und Ordnung auch abgehalten. Es waren die ersten Wahlen in Deutschland nach dem allgemeinen, gleichen, direkten und geheimen Wahlrecht, freilich wie damals überall nur für Männer. Am 10. Juni trat dieses erste demokratische Parlament im Karlsruher Ständehaus zusammen. Es währte jedoch nicht lange. Preußen setzte zu einer bewaffneten Intervention an. „Gegen Demokraten helfen nur Soldaten" war das absolut ernst gemeinte Schlagwort, zunächst nur Schlusszeile eines Gedichtes von 1848 und dann als Titel einer Broschüre geflügelt geworden.

Gegen die Übermacht der preußischen Armee hätte die badische Revolution nur dann eine Chance gehabt, wenn ihr andere Revolutionen gefolgt wären. Doch außer in der damals zu Bayern gehörenden Rheinpfalz waren die Erhebungen in Sachsen und anderswo bereits niedergeschlagen worden. Württemberg blieb mehr oder weniger ruhig. Brentano wollte auch mehr ein demokratisches Baden als eine gesamtdeutsche Revolution. Ein entschlossener Kämpfer wie Robespierre war er nicht. So strömten zwar viele Freiwillige aus ganz Deutschland nach Baden (am 23. Mai waren auch Karl Marx und Friedrich Engels zu einem Besuch in Karlsruhe), konnten die Niederlage aber nicht abwenden. Am 25. Juni wurde Karlsruhe von preußischen Truppen besetzt. Die Versammlung im Ständehaus wich in den Süden des Landes aus. Ende Juni war fast alles vorbei. Die hochmoderne Festung Rastatt hielt noch aus, bis sie am 23. Juli 1849 kapitulierte.

Der Großherzog kehrte in seine Residenzstadt zurück. Bestimmend aber waren nun die Preußen. Sie blieben mehrere Jahre. Baden musste die Kosten von Intervention und Besatzung bezahlen. Es folgten standrechtliche Erschießungen und umfassende Strafverfolgungen, die noch viel drastischer ausgefallen wären, wenn nicht die meisten Demokraten ins Exil in die Schweiz oder ins französische Elsass geflohen wären. Von dort wanderten viele nach Amerika aus, wo sie gern aufgenommen wurden. Manche kämpften später im Bürgerkrieg gegen die Sklaverei in den Südstaaten, andere machten politisch Karriere. Carl Schurz, dem eine abenteuerliche Flucht aus Rastatt gelungen war, wurde 1869 US-Senator und 1877 Innenminister. Lorenz Brentano wurde Abgeordneter und diente seiner neuen Heimat von 1872 bis 1876 als amerikanischer Konsul in Dresden.

In Baden blieb viel Bitterkeit zurück. Volkstümlich wurde ein „Badisches Wiegenlied“, in dem es hieß: „Schlaf, mein Kind, schlaf leis / Dort draußen geht der Preuß! / Deinen Vater hat er umgebracht, / Deine Mutter hat er arm gemacht, / Und wer nicht schläft in stiller Ruh, / Dem drückt der Preuß die Augen zu.“ Und in der letzten Strophe: „Gott aber weiß, wie lang er geht, / Bis dass die Freiheit aufersteht.“ Das geschah in der Tat, aber es sollte noch lange dauern. Die Erinnerung an die Revolution wurde unterdrückt, und in der Geschichtsschreibung erschien sie oft nur als „Militärmeuterei“, was ihren wahren Charakter entstellte.

Die Revolution war gescheitert, und trotzdem ist Baden die Wiege der deutschen Demokratie. Alles, was heu-

Die Erinnerungsstätte im Schloss zu Rastatt zeigt eindringlich den Weg der Deutschen zur Freiheit

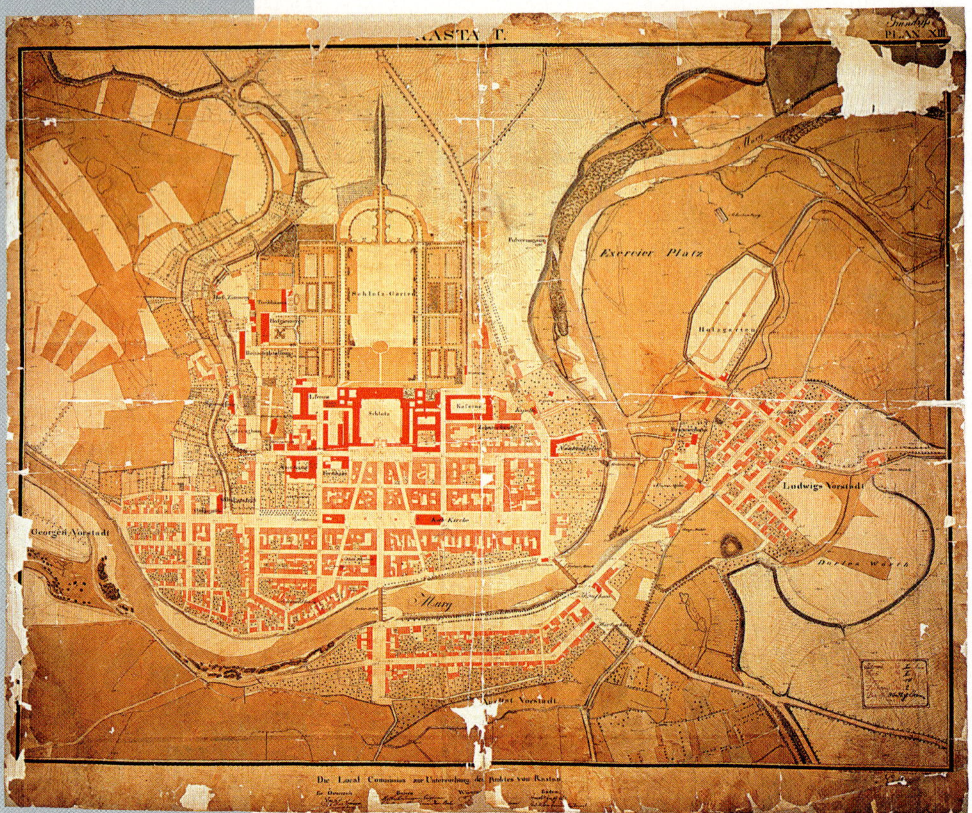

Strenge Geometrie: Der Stadtplan von Rastatt aus dem Jahr 1824 zeigt als „Gänsefuß" die drei Achsen vom Ehrenhof des Schlosses in die rechtwinklige Stadt

te so selbstverständlich erscheint, das allgemeine und gleiche Wahlrecht, Bildung für alle, staatliche Fürsorge und auch die progressive Einkommensteuer, ist hier zum ersten Mal durchgesetzt und angewendet worden. Hier liegt der Ursprung unseres freiheitlichen und demokratischen Rechtsstaates. Demokraten gab es auch anderswo, aber in Baden waren sie erstmals erfolgreich. Das hatte natürlich besondere Gründe. Die Verfassung von 1818 sollte der Integration der einzelnen Landesteile des neuen Großherzogtums dienen. Daraus ergaben sich gewisse Freiheiten, und es entstand der Wunsch nach noch mehr Freiheit. Es kam hinzu, dass die Nachbarschaft zur Schweiz und zu Frankreich den Badenern die Vorzüge freiheitlicherer Staatsordnungen leichter anschaulich machte als den anderen Deutschen.

Erst im 20. Jahrhundert änderte sich das Bild der Revolution von 1849. Es war besonders der Bundespräsident Gustav W. Heinemann, der die demokratischen Traditionen Deutschlands in das öffentliche Gedächtnis zurückrief. Im Jahre 1974 eröffnete er im Schloss von Rastatt die „Erinnerungsstätte für die Freiheitsbewegungen in der deutschen Geschichte". In der Folge entstanden viele historische Arbeiten, und 1998 veranstaltete das Badische Landesmuseum anlässlich des 150-jährigen Jubiläums in Karlsruhe eine große Ausstellung unter dem Titel „1848/49. Revolution der deutschen Demokraten in Baden", zu der ein prächtiger Katalog erschien.

Für die viel besuchte „Erinnerungsstätte" waren mehrere Orte in Betracht gezogen worden. Heinemann entschied sich für Rastatt, weil dort, wie er sagte, Blut für die Freiheit geflossen war. Vielleicht wäre das Karlsruher Ständehaus, wenn man es nicht abgerissen hätte, auch ein geeigneter und symbolträchtiger Platz gewesen. □

Prof. Eberhard Jäckel *lehrte Neuere Geschichte in Stuttgart. Forschungsschwerpunkt: Nationalsozialismus.*

1| Kostümschneider des Badischen Staatstheaters haben Barette, Beffchen und die roten Roben einst entworfen, die hier im Beratungsraum der Richter akkurat bereitgelegt sind. Eine Flügeltür führt zum Verhandlungssaal.
2| Dort rückt Amtsmeisterin Karin Hörner noch einmal die Stühle unterm Adler aus Pinienholz zurecht

1

Besuch im Hohen Haus: Ein MERIAN-Team durfte hinter die Kulissen des Bundesverfassungsgerichts schauen und erlebte die Hüter des Grundgesetzes als gut geerdete Menschen

Immer im Recht

Text: Benno Stieber, Fotos: Ute Mahler

1

Akten XYZ
alles gelöst

1| Penible Ordnung herrscht im Archiv der Geschäftsstelle, auch wenn der Laienblick nur Chaos empfindet.
2| Zu Stephan Stadtlers obersten Fähigkeiten zählt die Geduld. Der Rechtspfleger des Zweiten Senats muss ausdauernd zuhören können, wenn Bürger von draußen im Land Beschwerden loswerden wollen

2

1| In einem gefliesten Kabuff schminkt sich ARD-Studioleiter Karl-Dieter Möller für seinen Auftritt vor der Fernsehkamera. Dort erklärt er der Nation die Urteile der Karlsruher Gesetzeshüter. 2| Nach Florentiner Vorbild aus dem 15. Jahrhundert sind die Talare der Verfassungsrichter genäht. An sitzungsfreien Tagen hängen sie im Schrank vor dem Beratungsraum

1

Maß-geschneidert

1| Einstimmig wählte der Bundesrat im März 2002 Prof. Hans-Jürgen Papier zum Präsidenten des Bundesverfassungsgerichts und Nachfolger von Prof. Jutta Limbach. 2| Täglich hisst Amtmann Bösser die schwarzrotgoldene Flagge vor dem BVG. 3| Amtsmeisterin Karin Hörner rüstet die Roben. 4| Verfassungsrichter Prof. Udo Steiner gilt als kopfballstarker Stürmer der Fußballer des Gerichts. Auch als Jurist geht er keinem Zweikampf aus dem Weg

1

2

Stephan Stadtler ist ein geduldiger Mann. Minutenlang hört er der Stimme, die aus dem Telefonhörer bellt, schweigend zu. Sein Blick schweift ein bisschen verzweifelt aus dem Fenster. Draußen im Schlossgarten toben Eichhörnchen über den Rasen. Dann sagt Stadtler ruhig: „Seien Sie mir nicht bös', aber ich kann mit Ihnen nicht über das Deutsche Reich diskutieren." Wieder ein Wortschwall. Stadtler, Rechtspfleger des Zweiten Senats am Bundesverfassungsgericht und, glaubt man dem Schild an seiner Tür, „glücklichster Bassist der Welt", angelt nach einer Zigarette: „Ja, da gibt es eine Entscheidung von 1973." Ein scharfer Blick auf die grauen Bücher in der Schrankwand gegenüber: „Band 36, Seite 1 fortfolgende."

Stadtler klemmt den Hörer zwischen Ohr und Schulter und zündet sich die Zigarette an. „Wenn Sie sich nicht damit zufrieden geben, müssen Sie Verfassungsbeschwerde einlegen… Ja, schriftlich. Unsere Adresse haben Sie? Schlossbezirk 3, 76131 Karlsruhe."

Schlossbezirk 3, das ist die Anschrift der letzten Instanz in dieser Republik. Sitz des höchsten deutschen Gerichts, Hüter der Verfassung, Orakel der Berliner Politik und manchmal – Stephan Stadtler kann lange davon erzählen – auch nur Bundeskummerkasten. Wenn die Richter in ihren kardinalsroten Roben Entscheidungen verkünden, schaut die Republik nach Karlsruhe. Meinungsfreiheit, Gleichberechtigung von Mann und Frau, Unverletzlichkeit der Wohnung, die Entscheidungen füllen inzwischen über 100 Bände. Und immer geht es ums Grundsätzliche. Es sind Entscheidungen, die das Land verändern. Meist zu seinem Vorteil, nicht in jedem Fall zur Freude der Mächtigen.

Das höchste Gericht Deutschlands liegt gleich links neben dem Karlsruher Barockschloss, fünf Quader aus Glas, Aluminium und Holz, eingebettet zwischen Botanischem Garten und dem Schlosspark. Im rechten, dem Richtertrakt, liegen die Büros der je acht Richter, angeordnet wie in einem zweistöckigen Kreuzgang. Unten der Erste Senat und oben der Zweite. Keine Bannmeile schirmt das Gebäude ab. Nichts erinnert an einen dieser alten Justizpaläste, die den Bürger erst einmal einschüchtern sollen, bevor er vielleicht zu seinem Recht kommt.

In den gläsernen Gängen des Gerichts herrscht konzentrierte Ruhe. Nur manchmal schleicht ein Mitarbeiter über den Flur, oder ein Bote schiebt einen Aktenwagen von Büro zu Büro, lädt Ordner auf und lädt sie eine Tür weiter wieder ab. Heute macht das Edgar Dannenmaier. Er ist seit 30 Jahren am Bundesverfassungsgericht, dreimal länger als die dienstältesten Richter. Wenn er nicht als Bote aushilft, ist er in der Kopierstelle dafür zuständig, dass die Urteile möglichst schnell vervielfältigt werden. „Ich hab die großen

Sachen gemacht“, sagt Dannenmaier mit Stolz: Paragraph 218, Volkszählung und das NPD-Verbotsverfahren. Alle Urteile hat er kopiert, penibel geschichtet und geheftet.

Auch in den Siebzigern, als der Sohn des von der RAF entführten Hanns Martin Schleyer die Bundesregierung per Verfassungsbeschwerde dazu zwingen wollte, seinen Vater gegen Terroristen auszutauschen, saß Dannenmaier in der Druckerei im Untergeschoss. Bis morgens um fünf musste er warten. Erst dann hatten die Richter ihre schwere Entscheidung gefällt und Dannenmaier konnte das Urteil durch das Hektographiergerät jagen.

Jetzt rollt er einen Aktenberg Richtung Richtertrakt. Viele Fälle werden im Kammerverfahren entschieden. Man kann das wörtlich nehmen. Der Richter muss sein Büro nicht verlassen, um zu entscheiden. Stattdessen wandert die Akte von Schreibtisch zu Schreibtisch.

„Ja, das Kammerzeug knubbelt sich“, sagt Renate Jäger, die von Dannenmaiers Lieferung heute verschont bleibt. Sie ist auch noch gut versorgt. Vor ihr türmen sich links und rechts fast einen Meter hoch zwei Stapel Akten. „Das sind nur zwei Verfahren“, sagt sie. Zwischen den Papiertürmen sitzt ein Plüschaffe, der pfeift, wenn ihn ein Sonnenstrahl trifft.

Renate Jäger ist seit zehn Jahren Verfassungsrichterin. Ende des Monats fängt sie mit 64 Jahren noch einmal einen neuen Job an. Sie wird rheinaufwärts am Europäischen Gerichtshof für Menschenrechte in Straßburg urteilen. Die Stapel müssen bis dahin noch durchgearbeitet werden.

„Ich kann nicht schnell laufen, dafür aber schnell lesen“, sagt Renate Jäger und ihr resoluter Blick wird kurz von einem mädchenhaften Lachen verscheucht. Diese Fähigkeit hat ihr in Karlsruhe geholfen, sich durch die Aktenberge zu fressen. Sie hat das mal

Flaggenhissen und Fußball: Jeder Tag hat seine strenge Ordnung

durchgerechnet: Wenn man von 250 Arbeitstagen im Jahr Beratungstage und öffentliche Verhandlungen abzieht, bleiben 180, um Akten zu studieren und Urteile zu schreiben. Da gibt es keine Zeit zu vertrödeln, was ohnehin nicht ihre Art ist. Der Plüschaffe pfeift jetzt im Minutentakt.

Renate Jäger zählte zu der Minderheit von Richtern, die 2000 dafür gestimmt hatten, dass das Verfassungsgericht nach Berlin zieht. Aus Gründen der Effektivität. Die Wege wären kürzer gewesen, sagt sie. Aber womöglich auch die Pfade der Einflussnahme durch die Politik, fürchtete die Mehrheit ihrer Kollegen. Sie wollten in Karlsruhe bleiben. Vielleicht hat es ja im dezentralen Deutschland seinen Charme, dass sich Minister und Landesherren in die Provinz bewegen müssen, um ihr Urteil abzuholen.

Ein Bürgergericht hatten die Väter der Verfassung im Sinn, als sie bei ihren Beratungen 1948 in Herrenchiemsee das Grundgesetz formulierten. Es sollte die Freiheitsrechte der Bürger auch gegen die Regierung wahren, im schlimmsten Fall gegen Staatsterror. 1951 öffnete das Bundesverfassungsgericht seine Pforten. Die einzige Schreibmaschine war beim Bundesgerichtshof geliehen, der sich ein Jahr davor in Karlsruhe eingerichtet hatte.

Oft haben die Regierenden seitdem die „Macht der Acht" verflucht. Gleich bei einer der ersten großen Entscheidungen maulte Kanzler Adenauer: „Dat ham wa uns so nich vorjestellt." Und aus dem Kabinett von Willy Brandt polterte es 20 Jahre später, man werde sich von den „acht Arschlöchern in Karlsruhe" nicht die Ostpolitik kaputt machen lassen. Die Verfassungsrichter ignorierten diese Unflätigkeiten, nahmen sie im Zweifel als Beweis für ihre Unabhängigkeit.

Es ist ein klösterliches Dasein hier", sagt Udo Steiner. „Wir sitzen in unseren Zellen und arbeiten. Mit den Kollegen trifft man sich nur zur Beratung wie zum gemeinsamen Gebet." Seit neun Jahren ist Steiner als Verfassungsrichter in Karlsruhe, davor war er Professor für Staatsrecht in Regensburg. Seine Zelle ist ein geräumiges Büro mit Blick in den Park. Hinter dem Schreibtisch hängen Bilder von der Regensburger Altstadt und von seinen Enkeln. Steiner ist für Sozialrecht zuständig, ein Ressort mit chronischer Arbeitsüberlastung. Klagen von Rentnern aus Ostdeutschland, Beschwerden zu Pflegeversicherung und Hartz IV, aber auch der Antrag eines Sozialhilfeempfängers auf staatsfinanzierte Physik-Nachhilfestunden für seinen Sohn. All das geht über Udo Steiners Schreibtisch. Doch er macht nicht den Eindruck, als dass ihn was aus der Ruhe bringen könnte. Zum Kaffee reicht die Sekretärin Schokomuffins.

Was Steiner vom gemeinsamen Gebet zu berichten hat, klingt wenig gemütlich. Alle zwei Wochen treffen sich die Richter in einem spartanisch eingerichteten cremefarbenen Eckzimmer, in dem acht Sessel um einen Tisch stehen. Jeder Richter hat seinen festen Platz, links vorn bei der Tür der Präsident. In den Regalen stehen die mehr als 100 grauen Bände mit den Entscheidungen, das Grundgesetz und ein paar andere Gesetzestexte.

Hier prallen dann die acht Meinungen von Spitzenjuristen aufeinander. Harte Auseinandersetzungen seien das manchmal, sagt der 65-jährige Steiner,

Das Licht regiert die Residenz des Rechts

der auch als kopfballstarker Stürmer der Fußball-Mannschaft des Bundesverfassungsgerichts keinem Zweikampf aus dem Weg geht. In strittigen Fällen, damals beim Abtreibungsparagraphen 218 zum Beispiel, sei um jeden Satz gerungen worden. Von „Diskussionen bis an die Grenzen des zivilen Umgangs" ist zu hören. Mehr dringt nicht an die Öffentlichkeit, die Beratungen der Richter sind geheim.

Ist die Richterberatung das Gebet, dann ist die öffentliche Verhandlung das Hochamt des Verfassungsgerichts – und Karin Hörner so etwas wie die Zeremonienmeisterin. An den Verhandlungstagen wuselt es in den Gängen des Gerichts. Vor dem Gebäude haben Ü-Wagen der Fernsehsender Satellitenschüsseln ausgerichtet und kurz vor der Verhandlung fahren häufig schwarze Politikerlimousinen vor.

Karin Hörner trägt an diesen Tagen ihre blaue Uniformjacke, die ein wenig nach Feuerwehr aussieht, dazu weiße Bluse und schwarzen Rock. So steht es in den Kleidervorschriften. Schon früh am Morgen hat die Amtsmeisterin die roten Roben bereitgelegt. Kurz vor Verhandlungsbeginn wird sie den Richtern hineinhelfen und kontrollieren, dass auch das Barett richtig sitzt.

Wenn sich dann gegen zehn im Verhandlungssaal die Kameras um die Parteien drängeln, steht Karin Hörner am Eingang und sorgt dafür, dass es einigermaßen gesittet zugeht. Bei der schlanken Frau mit dem strengen Kurzhaarschnitt reicht da oft nur ein Blick. „Sie sind die Frau mit der größten Autorität im Saal", hat Otto Schily neulich zu ihr gesagt. Und der Innenminister ist darin zweifellos Experte.

Später stehen sich vor der Richterbank Kläger und Beklagter gegenüber, häufig ist der eine ein Normalbürger, der andere ein Berufspolitiker. „Die Politiker müssen hier die Hosen runterlassen", sagt Karl-Dieter Möller, der seit Jahren für die ARD von den Verhandlungen berichtet und hier irgendwie zum Inventar gehört. Die Richter fragen kritisch. Und selbst jemand wie Gerhard Schröder musste sich schon vom Vorsitzenden ermahnen lassen, sich mit seinem Vortrag nicht zum Publikum, sondern zum Gericht zu wenden, weil das keine Parteiversammlung sei. Die öffentlichen Verhandlungen sind „Politik ohne Sprechblasen", schwärmt Fernsehmann Möller.

Doch bevor all das passieren kann, hat Amtsmeisterin Karin Hörner ihren Auftritt. Kurz nach zehn geht sie mit festem Schritt hinter der Richterbank vorbei, stellt sich links neben die Flügeltür und ruft mit strenger Stimme und leichtem alemannischen Singsang: „Bitte die Plätze einnehmen." Ist der Saal zur Ruhe gekommen, öffnet sie eine Tür und verkündet:

„Das Bundesverfassungsgericht." □

Benno Stieber *lebt und arbeitet gern in Karlsruhe. Er ist Berichterstatter für die* Financial Times Deutschland.
Ute Mahler, *Professorin in Hamburg und Mitbegründerin der Fotoagentur* Ostkreuz, *war beeindruckt von der Offenheit der Menschen an staatstragendem Ort.*

3

4

1| Aluminium, Holz und ganz viel Glas: Offen und durchschaubar ist das Gebäude im Karlsruher Schlosspark. 2| Für ein Gemälde im Plenarsaal darf jeder Präsident sich vom Künstler seiner Wahl porträtieren lassen. In der Ecke hängt das Konterfei von Ex-Verfassungsgerichts- und Ex-Bundespräsident Roman Herzog. 3| Hoch auf dem rollenden Wagen: Aktentransport von Richter zu Richter. 4| Zehn Jahre war Renate Jäger Verfassungsrichterin in Karlsruhe. Jetzt wirkt sie rheinaufwärts am Europäischen Gerichtshof für Menschenrechte in Straßburg

Im 1877 eingeweihten Friedrichsbad plantschte auch Mark Twain. „Die Bäder sind gut. Ich habe meinen Rheumatismus in Baden-Baden gelassen", schrieb der Dichter über den Wohlfühltempel nach Römerart

Wohltemperi

Kur und Kultur, Luxus und Ländlichkeit, Russen und Rou

Text: Swantje Strieder, Fotos: Gregor Lengler

ertes Revier

lette – Baden-Baden ist die Hohe Schule der Lebenskunst

Dreimal im Jahr jagt die Elite der Galopper übers Iffezheimer Geläuf. Die Herren hüten sich beim Zocken vor allzu großen Verlusten und die Damen tun mit großen Hüten etwas fürs Renommee

Gestreckter Galopp zum großen Geld

Den Fußgängern und Radlern gehört der „Leo". Dem innenstädtischen Laufsteg hat Großherzog Leopold – er regierte von 1830 bis 1852 – seinen Namen gegeben. Der Fürst hatte Baden-Baden zur Sommerresidenz erhoben. Daraus wurde die „Capitale d'été" für ganz Europa. Heute bestimmen Wellness, Wirtschaft und Medien ganzjährig die Stadt

Wie eine Gazelle läuft die junge Schwarze die sonnendurchflutete Allee entlang, begleitet von einem gut gebauten Trainer, vielleicht ist er auch ihr Bodyguard. Ihre nackten Schultern glänzen wie Billardkugeln. Die Sportjacke lässig um die Hüften gebunden, trabt das schöne Duo unter den Kastanien, Buchen, Mammut- und Tulpenbäumen dahin. Vorbei an Belle-Époque-Villen, „Brenner's Park-Hotel", üppigen Rosengärten und einem Kurhaus mit antiken Pariser Gaskandelabern. Und dann taucht plötzlich eine coole Konstruktion auf: die Sammlung Frieder Burda für Moderne Kunst, ein feingliedriger Bau des amerikanischen Architekten Richard Meier.

So ist Baden-Baden, Old Europe im Ganzen, Modernität im Detail. Die Grande Dame unter den Bädern, berühmt für ihr prächtiges Spielcasino, die Iffezheimer Pferderennen und die bunten Fair-Lady-Hüte, macht eine Anti-Aging-Kur. „Das welke, abgeblätterte Image ist weg", sagt der Filmregisseur und Videodesigner Horst Brandenburg, „es ist ein Spa mit Weltstadt-Flair."

Das kleine Baden-Baden am Rande des Schwarzwalds und in Blickweite zu Frankreich hatte die EU eigentlich schon vorweg erfunden, als es im 19. Jahrhundert zur Sommerhauptstadt Europas aufblühte. „Ich bin hier seit vier Wochen an einem der schönsten Orte der Welt", schwärmte 1814 Elisabeth, Frau von Zar Alexander I. Die junge Zarin machte den Kurort mit den heißen Quellen und der verwinkelten Altstadt hoffähig. Bald flanierten Kaiser, Könige, Kanzler und Kokotten auf der Lichtentaler Allee, suchten Künstler und Komponisten nach Inspiration. „Hier gibt es Bäume, wie ich sie nirgendwo gesehen habe", schrieb der russische Schriftsteller Iwan Turgenjew an seinen Freund Gustave Flaubert. „Das schönste Mädchen, ein langer, langer Blick", schmachtete Robert Schumann eine Unbekannte an. Johannes Brahms kam mit seiner Melancholie, Nietzsche mit seiner Migräne und Bismarck mit seiner Verbitterung über den unvernünftigen jungen Wilhelm II. Nur der russische Kanzler a. D. Gortschakow war stets gut drauf – er lebte bei seiner Geliebten.

Auf der Lichtentaler Allee ging es schon damals sportlich zu. 1861 schoss ein Attentäter auf den

Architekt Heinrich Hübsch baute um 1840 diesen monumentalen und reich bebilderten Heilwassertresen. Vor der Trinkhalle steht Kaiser Wilhelm I.

Ein Glas Gesundheit und der Traum vom Millionenglück

König von Preußen – daneben. Der spätere Kaiser Wilhelm I. zeigte sich am Abend unverletzt auf dem Balkon. Fürst Menschikow jagte täglich seine Schimmeltroika durch den Park, und der Prince of Wales lief im ersten Tennisclub Deutschlands dem weißen Ball nach. Die „schönste Spielbank der Welt", so Marlene Dietrich, lockte kuriose Gestalten an: Glücksritter, Casino-Casanovas und manische Zocker wie den russischen Dichter Fjodor Dostojewskij, der sich und Baden-Baden im Roman „Der Spieler" ein Denkmal setzte. Und dann die Damen, die sich wie Paradiesvögel putzten! Eine Pariserin trug, mit goldener Kette an ihrem Hals befestigt, ein lebendes Eichhörnchen auf ihrer nackten Schulter. Welch ein Skandal – und welch ein Hautgout, wenn das Tierchen urinierte.

Skandale sind heute so selten wie ein sechsstelliger Gewinn in der Spielbank, vom geheimnisumwitterten Kauf der Grundig-Villa durch den geschassten georgischen Ex-Präsidenten Schewardnadse einmal abgesehen. Das brachte im Frühjahr 2004 Unruhe in die grüne Kleinstadt, wo 900 Millionäre unter 53 000 Bürgern für einen statistischen Rekord sorgen. Kommt er nun oder kommt er nicht, der Schewardnadse? „Das wüssten wir auch gerne", sagt Roland Seiter, Pressesprecher im Bürgerbüro. Aber statt über Russen und andere Milliardäre zu spekulieren, möchte Herr Seiter uns doch von den Highlights an der Oos erzählen: vom „Ring"-Ereignis im Festspielhaus und von den Picassos der Frieder-Burda-Sammlung, von der Schwitzkur (römisch-irisch) im gediegenen Friedrichsbad und von der Spritztour in die Caracalla-Therme, die wegen ihres Riesen-Badespaßes sogar in Japan nachgebaut wurde.

Die heißen Quellen hatten schon die Römer zu Kaiser Caracallas' Zeiten (186–217 n. Chr.) entdeckt, heute bietet Baden-Baden doppelten Badegenuss. Im Friedrichsbad von 1877 erwartet den Gast, nackt bis aufs Schlüsselbändchen, unvergessliche Wellness von anno dazumal: ein zweistündiger, heißkalter Trip in einzigartigen Räumen. Die Duschköpfe sehen aus wie Riesen-Sonnenblumen, durch den wabernden Wasserdampf der „Feuchtheiß"- und „Trockenheiß"-Bäder scheinen Kirschblüten- und bunte Vogel-Mosaike an den Kachelwänden. Später seifen, rubbeln und bürsten schweigsame Badewärterinnen einem die letzte Bräune von Busen und Bauch, aber als Belohnung folgt ein kristallklares Rundbecken aus Carrara-Marmor. Wer es sportlich-modern liebt, mit Sprühpilz, Strömungskanal, Whirlpools und Heiß- und Kalt-Wasser-Grotten, oder sich die abgerubbelte Bräune im Solarium wieder holen will, der geht in die Caracalla-Thermen. Die sind am Wochenende so voll mit fröhlichen Familien und jungen Leuten wie die Côte d'Azur im August.

Ein bisschen Operettenschmalz, Tanztee und gepflegte Atmosphäre hat sich die Stadt trotz

Seit 1824 rollt die Kugel im Kasino – dem schönsten in Europa. Dostojewskij verewigte im Roman Lust und Leiden der Spieler; der Jetonverkäufer von Kasse 1 jedoch ist schiere Seriosität

leerer Kassen bewahrt. Etwa die 150 Jahre alte Philharmonie mit Generalmusikdirektor Werner Stiefel. Einige Damen und Herren Gäste legen Wert auf Kurkonzert unter Kastanien, doch die eigentliche Musik spielt woanders: Sei es beim „New Pop Festival" des Südwestrundfunks, der Institution im Medienstandort Baden-Baden, wo sich die Stars von morgen vorstellen, oder im 2500 Plätze großen Festspielhaus, das seine wundersame Auferstehung feiert. Vor ein paar Jahren übernahm Andreas Mölich-Zebhauser das Haus mit zwölf Millionen Miesen und wagte den „Walkürenritt über den Schuldenberg", wie der *Spiegel* schrieb. Heute begeistert der Intendant mit einem Weltklasseprogramm: Anne-Sophie Mutter, Kurt Masur, John Neumeier und Walerij Gergiew vom Petersburger Mariinsky-Theater mit seiner sensationellen „Ring"-Inszenierung. Der Rettungs-Ring des Intendanten heißt „Club 300", Sponsoring nach amerikanischer Art, so dass das Opernhaus, einmalig in der deutschen Subventionslandschaft, schwarze Zahlen schreiben kann.

Wie sieht ein Mäzen aus, der jahrelang dazu beigetragen hat, die Kleinstadt an der Oos kulturell aufzumischen? Der dafür kämpfen musste, um Baden-Baden mit einem kleinen MoMa nach New Yorker Art beschenken zu dürfen: mit seiner privaten Sammlung für moderne und zeitgenössische Kunst, das 20 Millionen Euro teure Museumsgebäude von Star-Architekt Richard Meier inklusive?

Wir trinken Tee in „Brenner's Park-Hotel" und warten auf Frieder Burda, den 68-jährigen Kunstmäzen aus der Offenburger Verlegerdynastie. Locker und unauffällig kommt er daher, wie ein ganz gewöhnlicher VIP, von denen es im Brenner's wimmelt. Burda spricht leise und intensiv, melodisches Badisch mit französischen Einsprengseln: Ja, die Nähe zu Frankreich … nur zehn Minuten bis zur Grenze, *vous savez?* Vor 15 Jahren kam ihm die Idee, seine Expressionismus-Sammlung zu stiften. Fast hätte sein Feriensitz Mougins in Südfrankreich, wo Picasso malte, den Zuschlag bekommen. „Baden-Baden ist so eine verschlafene Stadt", mäkelt Burda. Dabei habe Max Beckmann, „für mich der größte deutsche Maler", hier seinen berühmten Blick aus dem „Europäischen Hof" auf die Trinkhalle geschaffen. „Das war 1936, kurz vor seiner Emigration", sagt er, „und jetzt kehren die Bilder hierher zurück." Mit 500 anderen Gemälden, Skulpturen und Objekten: späte Picassos, Gerhard Richter, Sigmar Polke, Georg Baselitz, Anselm Kiefer („den versteh' ich eigentlich nicht"), die Amerikaner Jackson Pollock und Willem de Kooning, aber auch August Macke, Wilhelm Lehmbruck und Ernst Ludwig Kirchner. Burda zeigt auf den Bauplan. „Mein Freund Meier ist ein Genie! Sehen Sie diese feinen Linien, wie

Das Treppenhaus ist hier „Escalier d'Honneur": Das Schlosshotel Bühlerhöhe an der Schwarzwaldhochstraße genügt höchsten Ansprüchen. Die russisch-orthodoxe Kirche „Verklärung des Herrn" steht seit 1882 am Rande der Innenstadt

Ein königliches Gast-Haus...

sensibel und harmonisch er den Neubau neben die 100 Jahre alte Kunsthalle eingepasst hat?" Das sahen Nachbarn und Baumfreaks anders und liefen Sturm gegen das Projekt. „Die wenigen Bäume sind längst nachgepflanzt, und die wertvolle alte Blutbuche hat der Meier ja stehen lassen", wehrt der Bauherr ab, „meine Stiftung und die Kunsthalle – *ça se marie bien,* das verheiratet sich gut, wie die Franzosen sagen, eine gelungene Hochzeit zwischen Staat und Privat."

Im Brenner's-Kaminzimmer passt das lindgrüne Tee-Service zum Sofa und zu den Bäumen im Park, die Kellner bewegen sich freundlich gemessen, und wem Frederick di Giorgiou, der Barpianist, der schon für Onassis spielte, zunickt, der fühlt sich für einen Moment dazugehörig. Zur Welt der VIP-Gäste, die im Jogginganzug zum italienischen Eissalon bummeln wie Hosni Mubarak, Ägyptens Staatspräsident, oder wie Bill Clinton, ein echter Demokrat, auch, was Frauen betrifft. Eine Scheichfamilie aus Kuwait liebt Baden-Baden so sehr, dass sie gleich das Neue Schloss der Markgrafen von Baden gekauft hat, um es später zum 6(!)-Sterne-Hotel umzubauen.

Dem mutmaßlichen VIP, der jetzt mit energischen Schritten samt rothaariger Begleiterin und blassem Bodyguard den Nachbartisch ansteuert, scheint die edle Szenerie herzlich wurscht. Er trägt Handy und schwarze Lederjacke, schaut aus wie Vitali Klitschko ohne Muskeln. Die hat ja sein Bodyguard. Sie trägt Größe 34 und rührt stumm im Café latte, er klebt am Handy. „Dai-dai-dai-dai-dai-dai", ruft er ins Telefon, es klingt wie ein ratterndes Maschinengewehr. „Russen-VIP", raunt eine Dame mit Perlenkette und hochgezogener Braue, „Gazprom, Erdöl", flüstert der Herr in karierten Golfhosen zurück.

Die Russen und Baden-Baden, das ist eine lange, bewegte Liebesgeschichte, von Tolstoi und Turgenjew bis heute. Viele Amerikaner bleiben seit den Anschlägen vom 11. September

Bronchitis & Co

Mit der Chemie-Kanone auf den Bakterien-Spatz?

Atemwegsinfekte - nicht nur lästig, sondern vielfach unterschätzt. Denn sowohl Abwarten als auch Antibiotika, die nur gegen Bakterien wirken, sind bei den häufigen Virus-Infekten die falsche Strategie. Eine wirksame und verträgliche Möglichkeit kommt aus der Natur Südafrikas.

Es ist das klassische Dilemma: Husten, Schnupfen, Gliederschmerzen einerseits – wichtige Termine, Projektarbeiten und die Sorge um den Arbeitsplatz andererseits. Was tun? Die Infektsymptome ignorieren? Nicht ganz ungefährlich, sagen Infektionsspezialisten: Unbehandelt wird aus einer akuten Bronchitis bei jedem Dritten eine chronische Infektion oder gar Asthma.

Oder doch Antibiotika verschreiben lassen? Auch nicht „ohne“! Denn die helfen nicht gegen Viren. Die Kehrseite der Antibiotika-Medaille: Durchfälle, Pilzinfektionen und Allergien! Langfristig zudem bedenklich: Resistenzen nehmen zu. Das heißt: Immer häufiger sind Bakterien gegen Antibiotika völlig unempfindlich!

Wirksam und verträglich? Natürlich möglich!

Die Lösung kommt aus der Savanne Südafrikas: UMCKALOABO®. Von den Zulus seit Jahrhunderten zur Infektbehandlung eingesetzt, entwickelten deutsche Pflanzenforscher aus der Kapland-Pelargonie ein modernes Infekttherapeutikum mit einer idealen Dreifach-Wirkung: UMCKALOABO® mobilisiert die körpereigene Virenabwehr, verhindert die Vermehrung von Bakterien und löst zähen Schleim. Und was hat der Patient davon? Rasche Besserung der Symptome, kürzere Fehlzeiten am Arbeitsplatz und in der Schule, Rückfälle und chronische Verläufe werden vermieden. Ein weiteres Plus: ausgezeichnete Verträglichkeit nicht nur bei Erwachsenen, sondern auch bei Kindern ab einem Jahr. Nebenwirkungen sind nicht bekannt.

UMCKALOABO®
Infektabwehr aus der Natur

UMCKALOABO® ist eine eingetragene Marke, Nr. 644318 ▪ www.umckaloabo.de

UMCKALOABO®. Wirkstoff: Auszug aus den Wurzeln von Pelargonium reniforme/sidoides. **Anwendungsgebiete:** Akute und chronische Infektionen, insbesondere Infektionen der Atemwege und des Hals-Nasen-Ohren-Bereiches, wie z.B. Bronchitis (Entzündung der Bronchien), Sinusitis (Nasennebenhöhlenentzündung), Angina tonsillaris (Mandelentzündung), Rhinopharyngitis (Nasen-Rachen-Entzündung). Enthält 12 Vol.-% Alkohol. **Zu Risiken und Nebenwirkungen lesen Sie die Packungsbeilage und fragen Sie Ihren Arzt oder Apotheker.** ISO-Arzneimittel, 76256 Ettlingen.

Gerade wer die standesgemäße Vorfahrt liebt, dem ist „Brenner's Park-Hotel" immer noch der Inbegriff gastlicher Verwöhnung. Neue Spitzenhotels wie das Maison Messmer sind auch für eine jüngere – und ebenso zahlungskräftige – Klientel interessant

... wo der Gast noch König ist

MERIAN | INFO Standort mit Zukunft

Vor den Toren wächst Baden-Baden derzeit am dynamischsten: Auf einem ehemaligen Kasernengelände entsteht die „Cité", ein städtebauliches Projekt, das der badischen Kleinstadt große Perspektiven eröffnet: „Bauen Sie, wo schon französische Offiziere zu leben wussten", wirbt ein Schild am Pariser Platz. Vor allem junge Familien sollen das Viertel bevölkern. Dort siedeln sich auch interessante Betriebe aus der Medienbranche an. Etwas am Rande der Cité bildet die „Europäische Event-Akademie" junge Medienschaffende aus und hat sich damit einen ausgezeichneten Ruf erworben. Vor allem Moderatoren, Maskenbildner und Mediengestalter lernen hier in Kooperation mit dem Landessender SWR ihr Handwerk. Längst hat man in Baden-Baden erkannt, dass eine moderne Stadt nicht nur von der Kulisse alter Bäder-Herrlichkeit leben kann. Deshalb hat sich die Kur-Stadt erfolgreich um Unternehmensansiedlungen bemüht: 30 neue Unternehmen kamen in den vergangen drei Jahren hinzu. Für Selfmade-Unternehmer scheint die Stadt an der Oos ein gutes Pflaster zu sein: Vor 26 Jahren gründete Wolfgang Grenke in der Wohnung der Eltern eine Leasingfirma für Bürogeräte. Heute hat „Grenke-Leasing" Niederlassungen in 13 Ländern und setzt dreistellige Millionenbeträge um. Karlheinz Kögel brachte es vom Radiomoderator zum Gründer von „Media Control" und Deutschlands größtem Reisediscounter „L'tur". Einmal im Jahr verleiht Kögel in Baden-Baden den „Deutschen Medienpreis". Wenn Preisträger wie Bill Clinton oder Nelson Mandela auftreten, dann ist das großer Bahnhof wie zu Kaisers Zeiten.

aus, aber die Russen sind seit Glasnost zurückgekehrt. Der Rubel rollt, Boutiquen, Hutläden und Juweliere haben russisch sprechendes Personal eingestellt – eine lohnende Investition.

„Baden-Baden ist ein kleiner Mosaikstein in der russischen Geschichte", sagte Naina Jelzina. Jeden zweiten Mittwoch lädt Renate Effern, Vorsitzende der Turgenjew-Gesellschaft, im „Europäischen Hof" zum russischen Teesalon ein, mit summendem Samowar im Hintergrund. Die engagierte Slawistin sieht sich als Kulturbotschafterin. „Erzählen Sie mir von Baden-Baden!", bat Ludmila Putina bei einem Empfang in Berlin, das Ehepaar Putin käme zu gern einmal vorbei. Oft führt Frau Effern russische Gäste durch die Lichtentaler Allee. Die einfachen Touristen im abgewetzten Anorak, die mit uralten Bussen aus Moskau und St. Petersburg kommen, seien ihr die liebsten. „Die haben sich die Reise vom Munde abgespart", sagt sie, „und bekommen Tränen in die Augen, wenn sie im Kurpark vor der Büste Turgenjews stehen!" □

Swantje Strieder, *Autorin in Hamburg, kennt von vielen Reportage-Reisen die weite Welt und jetzt auch die große.*
Gregor Lengler *studierte Kommunikationsdesign und lebt in Hamburg. Skeptisch reiste er nach Baden-Baden, staunend kam er zurück.*

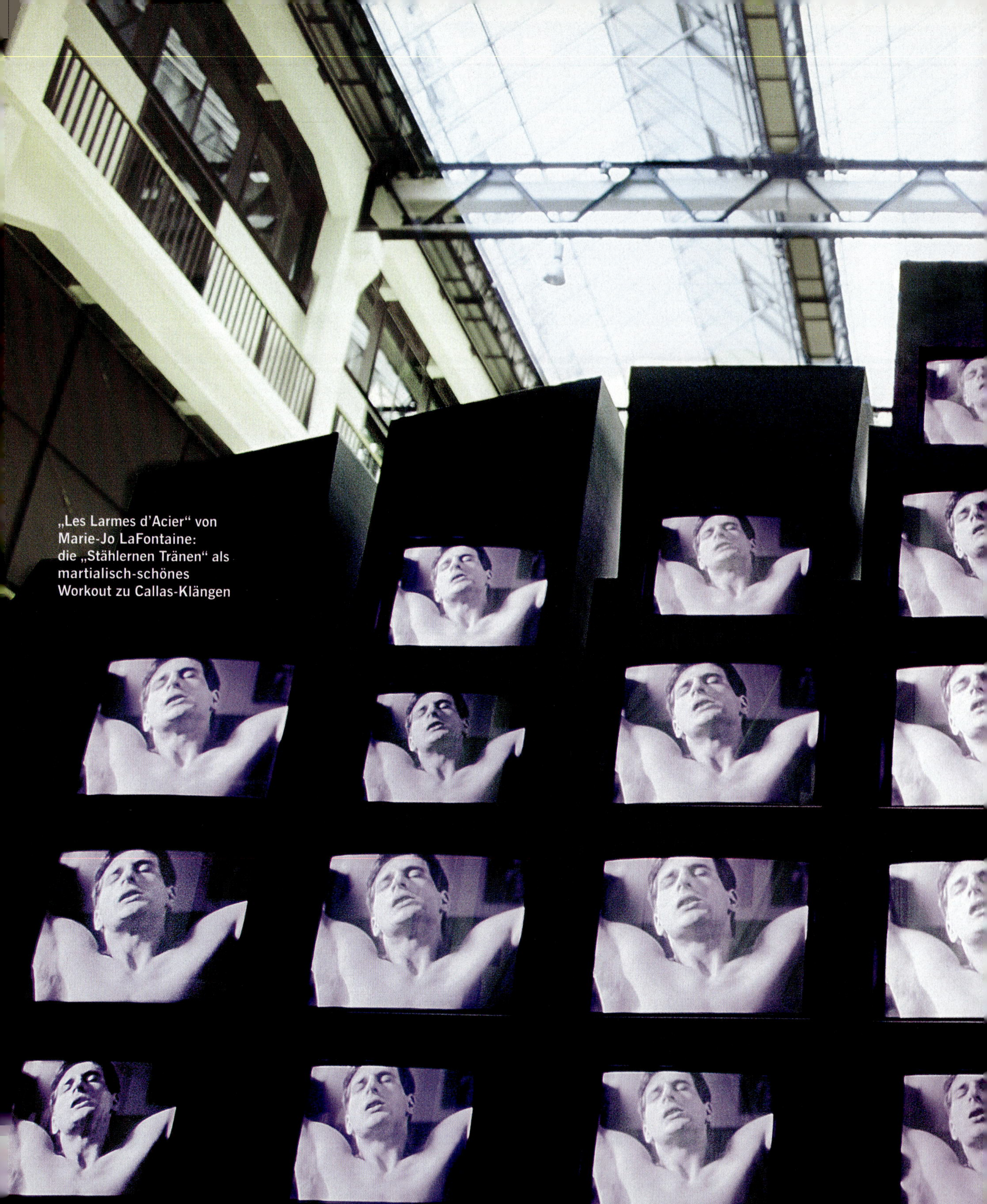

„Les Larmes d'Acier" von Marie-Jo LaFontaine: die „Stählernen Tränen" als martialisch-schönes Workout zu Callas-Klängen

Das digitale Bau

Text: Roland Benn, Fotos: Michael Lange

haus

Erst 1997 eröffnet und schon weltweit gerühmt: Das Zentrum für Kunst und Medientechnologie vereinigt alle Mittel und Methoden der künstlerischen Gegenwart

Zehn Gliederfiguren, die sich beugen und strecken, halten zehn Monitore mit wechselnden Bildern. „Floating Identities" nennt Frank den Oudsten sein Bilderballett

Licht und leicht und mit leckerer Küche: Eingangshalle mit Bistro

Cyberspace, Virtualität und Schönheit

Wer aus dem Cyberspace durch Galaxien und Sternennebel auf die Milchstraße zurauscht, Pluto und Planetoiden hinter sich lässt, das Magnetfeld der Erde unbeschadet passiert und sich auch nicht im Internet verfängt, dann die Alpen von Süden überquert und die Rheinebene hinabfliegt, der sieht, kurz bevor das Spidernet des Karlsruher Schlosses auftaucht, einen Klotz, der aussieht wie der größte Legostein der Welt. Dieser gewaltige Bau ist das Zentrum für Kunst und Medientechnologie, und das ist unsere Andockstelle. Uns locken „Simulationstechnik für den Cyberspace“ und internetinteraktive Installationen im ZKM – Ende der Space-Odyssee.

Tatsächlich ist diese Institution einmalig in der Welt, gerühmt in Korea und New York, aber kaum bekannt in Heidelberg oder Kiel. Hier laufen die Moderne und die Postmoderne, die mediale Revolution der Kommunikation und der Kunst zusammen, hier wird geforscht und gelehrt, gesammelt und angeregt. Wer das nicht weiß, sieht den Klotz, davor einen blauen Kubus, einen meterhohen roten Hundekopf, und beginnt, Fragen zu stellen.

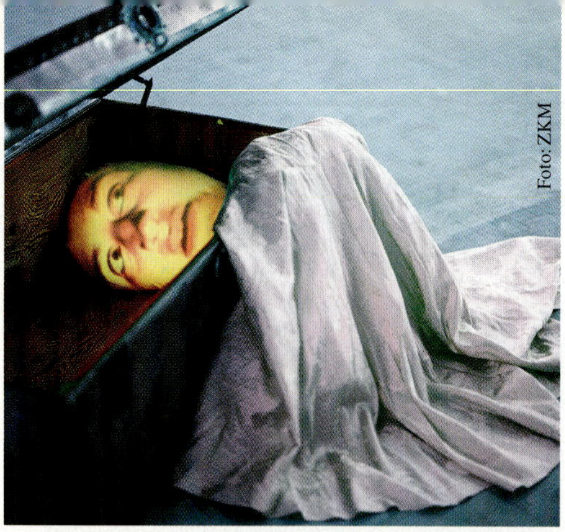

Eine grelle Stimme ruft aus der Kiste, sie fleht und schreit, flucht und flüstert. Wer sich erschrocken niederbeugt, blickt dem eingesperrten Rufer ins verzweifelte Gesicht. „Hello?" ist der Titel der Installation von Tony Oursler

Foto: ZKM

Lascaux, Florenz und Karlsruhe

Wer sich allerdings dem ZKM von Südosten mit der Straßenbahn nähert, erlebt noch etwas anderes: ein Ensemble von industriellen Bauten, lauter viereckige Großinvestitionen, die mit unterschiedlichem Erfolg versuchen, der architektonischen Moderne zu entkommen: Krankenkassen, IT-Firmen, eine Zweigstelle der Bundesbank.

In diesem Verwaltungsviertel steht als ältestes Gebäude weit und breit eine 312 Meter lange ehemalige Munitionsfabrik, in der das Museum für Moderne Kunst, das ZKM mit seinen verschiedenen Abteilungen und die Städtische Galerie reichlich Platz finden.

Letztere feierte bei unserem Besuch Egon Eiermann und „die Kontinuität der Moderne", jenen Architekten, dem wir hunderte von Schachteln aus Glas, Stahl und Beton verdanken, die nach dem Krieg unsere Bombentrichter auffüllten. Sie tat dies, ohne die Frage nach der Unwirtlichkeit unserer Städte auch nur ins Visier zu nehmen. Damit ist eine von zwei Fragen gestellt, die sich dem Besucher aufdrängen und ihn durch seinen Museumsbesuch begleiten, ob er will oder nicht und unabhängig von seinem Wissensstand und womöglich auch ohne Absicht der Betreiber. Sie lautet: Was ist modern? Die andere lautet: Was ist Kunst?

Diese zweite Frage stellt sich dem arglosen Betrachter schon, bevor er die Eingangstür erreicht hat: Was er für Laternen hielt, sind Kunstwerke, was er für ein solches hielt, entpuppt sich als der Sonnenschirm des benachbarten Cafés. Ist unser Besucher also ein Banause? Sicher nicht, seine Verwirrung spiegelt vielmehr den Zustand der aktuellen Szene: Die Kunst der so genannten Neuen Medien findet sich am Ende einer euphorischen Phase, die klassische Moderne erscheint abgeschlossen, wie geht es nun weiter? Der letzte Leiter des selbstständigen Museums für Moderne Kunst, Götz Adriani, hatte das Konzept des ZKM bei seinem lautstarken Abgang 2003 als bereits überholt bezeichnet. ZKM-Chef Peter Weibel, der Adrianis Haus übernahm, will beweisen, dass es nicht so ist, und das steht noch zur Prüfung an: Alles ist offen, die Fragen nehmen zu.

Es rauscht der Bach, die stockwerkshohe Mühle aber klappert nicht. Fabrizio Plessis „Tempo liquido" (Flüssige Zeit) zeigt Wasser digital im Fluss. Es plätschert und rostet ganz wunderbar

Foto: ZKM

Drinnen nehmen diese Fragen eine andere Form und Lautstärke an. Unter Walter Giers' Toninstallation „Art–Statement–Art“ von 1993 steht ein Schüler und brüllt: „Der Scheiß soll Kunst sein?“ Andere aus seiner Klasse haben als Kriterium für interaktive Installationen stets den Vergleich mit dem eigenen Laptop („das kann ich besser“) parat.

Solche Bemerkungen haben ihr Recht und sie zeigen auch, dass aktuelle, medientechnisch bestimmte Kunst nicht jedermanns Sache ist und außerdem alles andere als einheitlich. In der Hauptausstellung des ZKM findet sich eine Fülle von Werken, die zum größten Teil um bewegte Bilder kreisen, zum Teil interaktiv sind, zum Teil aber auch ohne jede moderne Medientechnik auskommen.

Erstes Ausrufezeichen der Ausstellung ist das Wasserrad „Tempo liquido“ von Fabrizio Plessi, eine das Stockwerk überragende Eisenkonstruktion, in dem virtuelles Wasser auf Bildschirmen fließt, die auf einem scheinbar von echtem Wasser angetriebenen Rad rotieren. Eine Begegnung von Echtem und Virtuellem, wie es in der Beschreibung heißt, findet hier statt, aus der der Reiz des Kunstwerkes entstehe. Aber ist das schon alles? Ist es nicht auch das Urelement Wasser, dessen Ton und Konsistenz uns anzieht, ist es nicht auch das aus dem nahem Schwarzwald und diversen Volksliedern vertraute Bild der Mühle, das unsere Assoziationen anstachelt? Ist dies Kunstwerk nicht emotional viel zugänglicher als rational?

Die „Passage“ von Nam June Paik, eine Art virtueller orientalischer Video-Schrein, und Bill Violas „The City of Man“ von 1989, Bilder vom Leben und Sterben in Form eines Altartriptychons, umrahmen die Eisenmühle und verstärken den Eindruck, dass hier planmäßig ein Entree geschaffen wurde, das den Zugang zur neuesten Kunst leicht macht. Denn hier wird deutlich, was Kunst ursprünglich ist: einerseits Licht und Ton im Raum, andererseits sinnlicher Eindruck, woraus das entsteht, was als Begriff in zeitgenössischen Kommentaren offenbar verschwunden ist: Ritual und Schönheit, vom Menschen bewusst und als Gegensatz zur Natur erschaffene Schönheit. So war es in Lascaux, in Florenz, in Kassel, so ist es in Karlsruhe.

Diese weit reichende Verbindung wird auch bei anderen Installationen deutlich. Ein Raum, in dem der Besucher Töne, vom Flüstern bis zum Streichquartett, in virtuellen Räumen hören kann, von der Kirche bis zum größenvariablen Zylinder. Per Mausklick lässt sich erfahren, wie Beethoven auf offenem Felde klingt oder ein Auto im Badezimmer. Die Frage, ob das Kunst sei oder nur ein gut gemachtes Computerprogramm, mag sich unserem Besucher stellen, aber sie ist längst beantwortet: Zur Kunst wird dies durch Interaktion, Künstler ist der Mensch an der Maus, der Besucher, jeder. Ein Ansatz, der auch schon ein paar Jahrzehnte älter ist als die neuen Medien.

So stellt sich das ZKM in eine Geschichte, die weit hinter die Erfindung neuer Medien zurückreicht und noch rekonstruiert sein will. Daher bemüht das ZKM in seinen Besucherinfos auch Lessings „Laokoon“ von 1766 und seiner Unterscheidung der Raum- von der Zeitkunst, in die die ZKM-Macher auch Aktion und Interaktion einordnen. Vielleicht muss man noch weiter zurückgehen: Der Zufall wollte es, dass, während im Herbst 2004 die letzten Vorbereitungen zur Neueröffnung des ZKM liefen, die Berliner Forschungsgruppe „Lichtgefüge“ nach Wolfenbüttel lud zu

Der Mensch zwischen echter Natur und der aus dem Rechner. Der grüne Daumen löst den Impuls aus: Wer das Blatt berührt, lässt die digitale Pflanze wachsen. „The Interactive Plant Growing" von Laurent Mignonneau und Christa Sommerer

einem Symposium über die Bedeutung des Lichtes bei Rembrandt und Vermeer. Dort wurden auf unvermutete Weise Wurzeln der heutigen Kunst sichtbar, als der Kunsthistoriker Horst Bredekamp zur Überraschung der Teilnehmer Gottfried Wilhelm Leibniz bemühte, um die Wirkung von hell und dunkel in der Malerei zu erklären. Der Erfinder des digitalen Rechnens ist immerhin Urvater der Computer und damit der digitalen interaktiven Kunst. Leibniz fand heraus, dass man alle Zahlen auch mit eins und null ausdrücken kann. Das sagte niemandem etwas, beachtet wurde seine Erfindung erst, als er daraus „Nichts (0)" und „Gott (1)" machte, „Schöpfung (1)" und „Vollendung (111)", vor allem „Sonne (1)" und „Dunkelheit (0)". Licht und Schatten digital vor 300 Jahren.

Leibniz, Lessing, Licht? Ist das also die Reihe, in der wir stehen? Die Frage, ob das Medium die Kunst hervorbringt oder die neuen Mittel die Avantgarde formen, scheint ein alter Hut zu sein und das große Verdienst des ZKM, die Wurzeln des Aktuellen erfahrbar zu machen. Bleibt aber noch die Frage nach der Moderne, nach den Zwischenschritten und die, ob Adriani Recht hatte mit seiner Vermutung, die Kunst der Neuen Medien sei falsch bewertet.

Leibniz, Lessing und Rembrandt

Unsere Suche nach Zusammenhang muss also weitergehen und so machen wir ein paar Schritte hinüber ins Museum für Neue Kunst (MNK). Und da sind sie ja, die alten Bekannten der Moderne, die Avantgarde von gestern: der grobe, verzweifelte Baselitz – echtes Öl auf echter Leinwand und noch mit dem Kopf nach oben –, der rührende Sigmar Polke, der altmodische Anselm Kiefer, und auch der olle Warhol und Keith Haring, das durchgeknallte Kind. Eine der Überraschungen des ZKM ist zu erleben, wie vertraut diese Pioniere der letzten 50 Jahre nach all den An- und Zumutungen der Hauptausstellung wirken und vor allem: in welcher historischen Nähe sie allein durch ihre räumliche Nähe zu finden sind. Nach fast zwei Jahren der Integration beider Häuser wird erkennbar, dass jene neuen

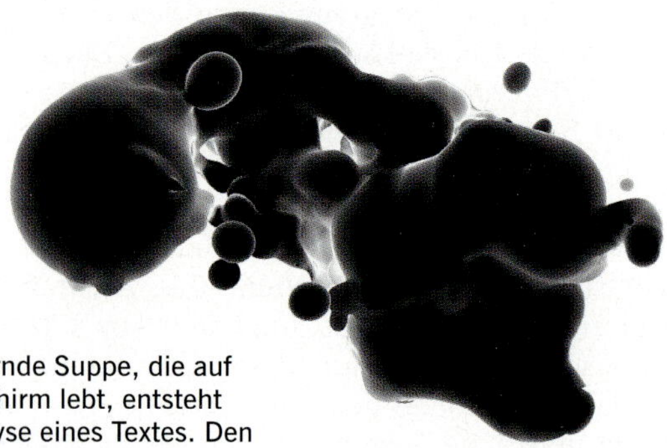

Die blubbernde Suppe, die auf dem Bildschirm lebt, entsteht durch Analyse eines Textes. Den kann der Zuschauer verändern – schon erscheint beim „Project Sembion 1.1.2" von Federico Díaz die Variante

Medienkünstler, die im ZKM zu sehen sind, nicht aus dem Cyberspace hereinbrachen, sondern dass sie (wie alle anderen vor ihnen) auf den Schultern von Riesen stehen. Wer vom ZKM ins MNK wechselt und damit von der zukünftigen in die vergangene Moderne, dem wird abrupt klar, wie die Farben und Formen schon vor 20 oder 30 Jahren den Rahmen sprengen wollten, zum Ton, zum Multimedialen und zur Interaktion drängten. John Armleders Installation „Thunder" von 1988 – ein kleines Arrangement von Trommeln vor einem Spiegel – schreit danach, benutzt zu werden. Der Spiegel will ein Bildschirm sein und sich bewegen. Bruce Naumans Hologrammstudien haben den Weg schon beschritten. Und dann Dan Flavins Neon-Installationen. Die Reduktion auf das reine Licht ohne jedes künstlerische Medium, aus Leuchtstoffröhren, wie es sie im Baumarkt gibt. Flavin reduziert seine Werke auf Licht im Raum, dessen Grenzen er aufhebt. Nichts anderes tun die Werke der Neuen Medienkunst: den Raum aufheben.

So erscheint Flavin als Vorreiter und ist doch mehr. Wieder so ein Zufall: Die National Gallery in Washington widmete zum Zeitpunkt der ZKM-Neueröffnung Flavin eine Retrospektive, die die gesamten 40 Jahre seiner Arbeit umfasst. Zu den Überraschungen dieser Rückschau gehört, dass Flavin sich früh mit Rembrandt befasste und nach ihm zeichnete. Stieß er dabei auch auf Leibniz?

Wahrscheinlich nicht. Aber wieder hat der Besucher seinen Blick verändert, wieder werden Zusammenhänge unmittelbar anschaulich, eröffnet sich eine neue Perspektive.

So wird die Frage, was Kunst sei und was modern, auf eine völlig überraschende Weise beantwortet: als Kette von Eindrücken und Verbindungen, die nach vorn offen sind. Endgültige Antworten stehen aus. Bis dahin ist dies ein Platz, an dem virtuelle Antworten interaktiv erarbeitet werden.

Hier, im ZKM, wird vor aller Augen Kunstgeschichte geschrieben. □

Ein kleiner Ausschnitt eines großen Hauses: Die lang gestreckte einstige Munitionsfabrik ist mit dem völlig regelmäßigen Aufbau und den zehn Lichthöfen für Ausstellungen wie geschaffen

MERIAN | INFO Zeigen und forschen

Das **ZKM** befasst sich mit den neuen Medien, erprobt mit Eigenentwicklungen ihr Potenzial, stellt mögliche Nutzungen vor und setzt sich mit der Informationsgesellschaft auseinander. Es reagiert damit auf die schnelle Entwicklung der Informationstechnologien und den Wandel der sozialen Strukturen. In seiner Arbeit vereint es Produktion und Forschung, Ausstellungen und Veranstaltungen, Vermittlung und Dokumentation.
Ziel des ZKM ist es, aktiv an der Arbeit für die Zukunft mitzuwirken und sich den Fragen nach einem Einsatz von Technologien immer wieder neu zu stellen.
Mit dem Museum für Neue Kunst, dem Medienmuseum, dem Institut für Bildmedien, dem Institut für Musik und Akustik und den jüngeren Abteilungen Institut für Grundlagenforschung und Institut für Medien und Wirtschaft verfügt das ZKM über die entsprechenden Möglichkeiten.
Ins Leben gerufen wurde das ZKM von Professor Heinrich Klotz, der sich damit bewusst in die Tradition des Weimarer Bauhauses stellte, Kunst und Bau, Mensch und Maschine in einer Schau zu verbinden. Seit seinem Tod 1999 leitet Professor Peter Weibel das ZKM, seit 2003 auch das MNK.

Im **Museum für Neue Kunst** werden Werke aus baden-württembergischen Privatsammlungen mit Exponaten aus den Beständen der ZKM-Sammlung gezeigt. Arbeiten der europäischen und amerikanischen Kunst geben Einblick in die Entwicklung von 1960 bis heute.

Das **Medienmuseum** ist das weltweit erste und einzige Museum für interaktive Kunst. Es vereint Medienkunst mit Computerspielen, stellt sowohl Forschungsprojekte vor als auch didaktische Arbeitsplätze. Besonderer Schwerpunkt ist die Galerie interaktiver Medienkunst.

(A 5) ZKM, Lorenzstraße 19
76135 Karlsruhe
Tel. (07 21) 810 00
info@zkm.de
www.zkm.de

Öffnungszeiten:
Medienmuseum, Museum für Neue Kunst, Sonderausstellung, Museumsshop
Mi-Fr 10-18, Sa-So 11-18 Uhr, Mo-Di geschl.
Mediathek, Medialounge
Di-Fr 12-18 Uhr, Sa-So 12-16 Uhr, Mo geschl.
Eintritt: **ZKM, Medienmuseum Sonderausstellung** *Erw.: 5 €, Erm. und Gruppen ab 10 Pers.: 3 €, Kinder 7-18 Jahre: 2 €*
Museum für Neue Kunst und Sonderausstellungen
Preise wie oben
Das **Kombiticket** umfasst auch die **Städtische Galerie** und ist zwei Tage gültig:
Erw.: 10 €, Erm. und Gruppen ab 10 Pers: 7 €, Kinder von 7 bis 18 Jahren: 4 €

Kommando „Spieße auf! Spieße vor!“ Mutig greifen Württemberger an. Doch am Ende schlagen die Badener sie in die Büsche

Zu Peter und Paul feiert Bretten ein mordsmäßiges Fest. Und das ist die Spitze: Mit langen Stoßstangen gehen Badener und Württemberger aufeinander los wie vor 500 Jahren, als Spießertum noch Ehrensache war

Text: Mathias Rittgerott, Fotos: Theodor Barth

Die Attacke der Spießer

Das Schutzblech sitzt: Banker Andreas Deuser (2.v.r.) rüstet sich im Kreis seiner Getreuen und Leibwächter zum Gefecht

Wenn sich Andreas Deuser in diesen tollen Tagen umzieht, braucht er zwei Gardisten, die ihm helfen. Sie zwängen den Banker in den Brustpanzer und schnallen ihm die Rüstung um. Dann zieht er die metallenen Handschuhe an, setzt das rote Barett mit der weißen Feder auf, greift zum Schwert, dessen Griff mit Rochenhaut überzogen ist, und lässt sich erst einmal aufs Sofa plumpsen. „Bequem ist was anderes", stöhnt er.

Kurz darauf tritt Deuser vor die Tür und zeigt sich dem Volk in Gestalt des Marsilius von Reiffenberg, oberster Feldherr der Stadt Brettheim. Sieben mit Hellebarden und Schwertern bewaffnete Gardisten umringen ihn. Einer hat eben noch das Visier seines Helms mit dem Hammer in Form geklopft. Auf der Gartenmauer blieb eine Spraydose Rostlöser stehen.

„Platz da für Marsilius! Volk, mach Platz!", brüllt Landsknecht Peter Kummli auf dem Weg durch die Gassen. Wie jedes Jahr zum Fest „Peter und Paul" Ende Juni begibt sich die Große Kreisstadt Bretten mit ihren 28000 Einwohnern für vier Tage auf eine Zeitreise ins Jahr 1504. Damals hieß sie noch Brettheim, gehörte zur Kurpfalz und wurde von württembergischen Truppen belagert. Die wackeren Brettheimer schlugen das Heer des 17-jährigen „Schwabenbalgs" Ulrich von Württemberg in die Flucht und feiern diesen Sieg bis heute.

„Wir sticheln halt gern gegen die Schwaben", sagt Deuser, was die Brettener aber nicht hindert, sich auch als feindliche Württemberger zu verkleiden. Sogar Peter Beyle, Organisator des Festes und waschechter Badener, marschiert zu Peter und Paul als Schwabe in die Schlacht.

Auch Kinderarzt Matthias Gelb hat sich für den historischen Kriegsdienst gerüstet. Er trägt das gelb-blaue Gewand eines so genannten Spießers, auf dem Schädel eine Kappe, am Gürtel das Kurzschwert, den Katzbalger, und in der Faust den drei Meter langen Spieß. Aus dem kinderfreundlichen Onkel Doktor wird im Handumdrehen ein stilechter Landsknecht.

Die Brettener achten auf korrekte Kostüme. Lederhosen sind tabu, denn die gab es damals nicht. Birkenstock-Latschen werden allenfalls geduldet. Echte Mittelalterfans tragen jedoch authentisches Schuhzeug, neuerdings im Knast von Bruchsal gefertigt. Wattierte Wämser werden aus Tschechien und England eingeführt, ebenso Schilde, Helme und Eisenfäuste.

Matthias Gelb stapft in seinen Stulpenstiefeln zum Amtshof. Dort haben die Landknechte ihre Zelte aufgeschlagen, Bierfässer herbeigeschafft, Bänke und Tische für die „Tafeley" aufgestellt. Überm offenen Feuer sieden Teigtaschen in der Pfanne auf dem Dreifuß. Gelb erhält aus der hölzernen Schatulle des Zahlmeisters seinen Sold: einen Kreuzer. Dafür holt er sich Rinderbraten mit Rotkraut und setzt sich zu den anderen geharnischten Gesellen.

Hier, im hinteren Teil des Amtshofes, sind die Helden unter sich. Wachen verwehren den Zutritt und achten auch darauf, dass sich kein Landsknecht mit Armbanduhr und Kippe im Mundwinkel erwischen lässt.

Noch hat Marsilius von Reiffenberg Zeit, die Lager der Landsknechte am Seedamm zu inspizieren. Bogenschützen führen ihre Schießkünste vor, eine Marketenderin tanzt zu Klängen von Sackpfeife und Trommel – da biegen plötzlich Württemberger ums Eck. Peter Kummli sinkt tödlich verwundet zu Boden, die Feinde steigen über ihn hinweg, den Zuschauern fällt vor Staunen die Kinnlade herunter.

Nach diesem Scharmützel muss Marsilius von Reiffenberg zurück in die Stadt, um sie vor den Angreifern zu retten. Kanonendonner kündigt die Belagerung an. Noch tagt der Brettener Kriegsrat auf dem Marktplatz, meutert das Fähnlein des Hauptmanns Schedel und beruhigen reiche Bürger die erhitzten Gemüter. Alles nur Vorgeplänkel.

Dann beginnt am Simmelturm die Schlacht. Fünf Kanonen lassen ihre Schwarzpulverladungen böllern, dass der Boden zittert. Zuschauer halten sich die Ohren zu und sperren gleichzeitig den Mund auf, um den Druck

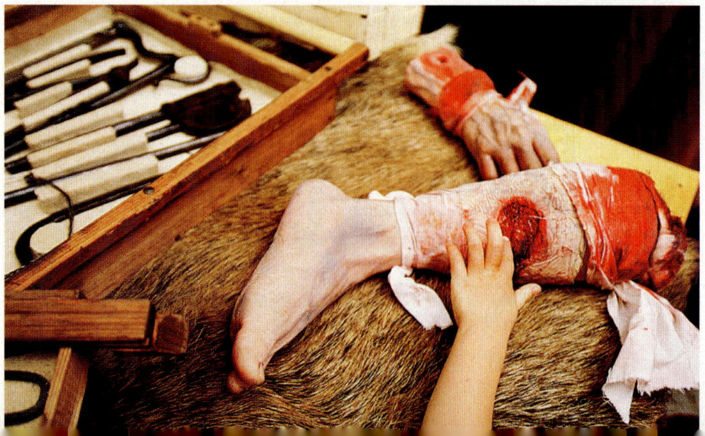

Kriegskunst: Die Gliedmaßen, die der Medicus einem Landsknecht vom Leib sägte, sind ein gruselechtes Meisterwerk des Maskenbildners

Hieb- und stichfest müssen die Recken sein, wenn es auf der Wiese vor dem Simmelturm Mann gegen Mann geht

Stich den Buben, hau den Knecht

Gott sei's getrommelt: Vor dem Waffengang spielen die jüngsten Knappen ihre Rolle als Stimmungskanonen

Wenn Sieger auf die Straße gehen

Nach glorreichem Kampf marschieren die Brettener Sieger triumphierend am Alten Rathaus vorbei

Von wegen finsteres Mittelalter: eine Bauernfamilie im Heu auf dem Pferdewagen

auszugleichen. Als sich der Dampf verzogen hat, rennen die Landsknechte los mit Gebrüll: „Blut, Blut, Blut!" Klirrend stoßen die Schlachtreihen aufeinander, Landsknechte stochern mit ihren Spießen vor den Füßen der Gegner herum, Schwertkämpfer schwingen ihre Beidhänder über den Köpfen der Kontrahenten. 350 Männer hauen und stechen aufeinander ein, schießen Pfeile von Bögen und Armbrüsten ab und lassen ihre Musketen knallen.

„Welch ein Erlebnis!", schwärmt Mediziner Matthias Gelb, der diesmal nur eine Platzwunde zu behandeln hat. Damit bei der Keilerei nichts passiert, haben die Brettener lange geübt: „Spieße auf! Spieße vor! Marsch!" Immer nach Feierabend auf dem Hof einer Metallbaufirma. „Doch bei der Schlacht", sagt Beyle, „ist alle Choreographie vergessen."

Mummenschanz Mann gegen Mann. In der Zeit von Peter und Paul scheint die braven Brettener Bürger ein Virus zu befallen, gegen das selbst jene nicht gefeit sind, die seit langem nicht mehr im Fachwerkidyll zwischen Simmelturm und Melanchthonstraße leben. Den fast 70-jährigen Friedel Baumann zum Beispiel. Vor 40 Jahren ist er nach Kalifornien ausgewandert. Mit weißem Rauschebart und Gitarre vorm Bauch zieht er durch die Landsknechtslager und singt bis vier Uhr früh aufmüpfige Lieder, in denen auch von „des Pfaffen Arschgesicht" die Rede ist.

Das Spiel mit dem Mittelalter ist mehr als Maskerade vor historischer Kulisse. Zahnarzt Andreas Klug zum Beispiel geht in der Rolle des Medicus auf. Im orange-gelben Gewand sitzt der Bärtige hinter einem Holztisch, auf dem Gläser mit geheimnisvoll gruseligem Inhalt stehen. „Das ist ein Gehirn, das sind Augen und das Hoden", doziert er. Dann fischt er mit einem Holzlöffel einen schwarzen Wurm aus einem Gefäß, lässt ihn über die Hand kriechen und hält ihn den schaudernden Zuschauern unter die Nase. „Blutegel", sagt er.

Gleich wird's deftig. Ein vor Schmerzen brüllender Landsknecht mit leichenblassem Gesicht wird herbeigeschleift. Der Medicus öffnet die blutgetränkten Verbände. „Nur Gott kann ihm noch helfen", ruft er, sticht in eine Eiterbeule, setzt die Säge an und amputiert den Unterarm.

Ein paar Schritte weiter von dieser gruselecht wirkenden Szene steht der Henker Dirk Steinhilper. Stolz zeigt der Hüne mit den langen scharzen Haaren eine Schandmaske mit riesigen Ohren, mordgierigen Augen und riesigem Maul. „Die wurde neugierigen Weibern aufgesetzt. Wegen übler Nachrede." Und noch eins kann man von Steinhilper lernen: „Der Scharfrichter war auch für die Müllentsorgung zuständig."

Landsknechte und Knochenbrecher, Henker und Spießer sind nicht die einzigen, die zu Peter und Paul das Stadtbild prägen. In den Gassen zeigen mittelalterliche Handwerker ihr Können, Schäfer hüten ihre Tiere vor dem Rathaus, am Seedamm schnattern Gänse. Wäscherinnen wringen weiße Laken am Marktbrunnen aus und daneben steht ein Pferdedieb vor Gericht. Am Samstag rennen Jungen und Mädchen beim Schäfersprung über das Kopfsteinpflaster der Melanchthonstraße. In allen Winkeln der Stadt erklingt Musik von Sackpfeifen, Flöten, Leiern und Trommeln, während in einer Garage, die zum Badehaus umfunktioniert wurde, ein splitterfasernacktes junges Paar in einem großen Holzzuber planscht.

Nachts um zwei lehnt sich Matthias Gelb im Landsknechtslager zufrieden zurück. „Jetzt ist es am schönsten", sagt er. Und steht dennoch gleich wieder auf, geht zum Kirchplatz, wo die Gruppe „Freulig Geschrey" aufspielt. Reiht sich ein unter die Tänzer und wird eins mit dem bunten Volk unter dem Nachthimmel von Bretten. □

Mathias Rittgerott *liebt Baden seit seinen Ferienbesuchen bei den Großeltern in Karlsruhe.*
Theodor Barth *war überwältigt, mit wie viel Spaß und Fantasie die Brettener Bürger die Vergangenheit heraufbeschwören.*

Nach dem Zoff in den Zuber: Zum Siegerfest gehören das Entspannungsbad und wohltuende Spezereien

Grenzenloses Glück

Als kleinen Alemannen, der Schwarzrotgold und Bleublancrouge zusammenbringt – so illustriert der Elsässer Tomi Ungerer die Region am Rhein, in der aus Erbfeinden Freunde wurden

Text: Michael Neubauer

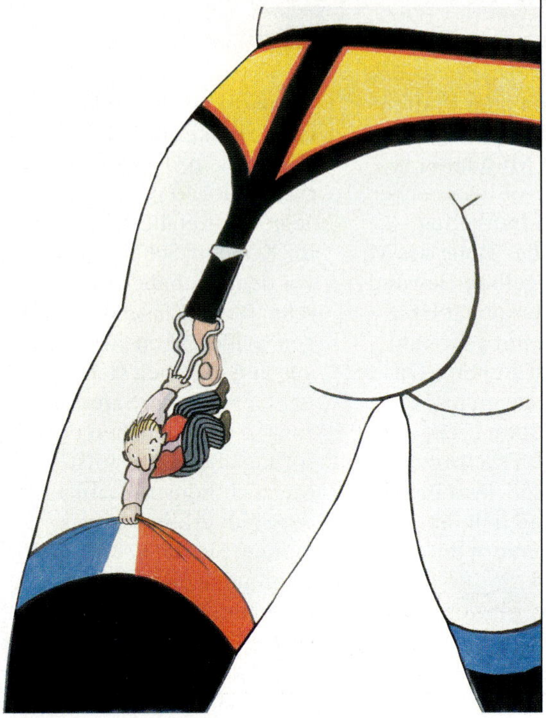

Geschickt trennt Pierre Ludwig das Wildschweinfleisch vom Schulterknochen. Auf Blechen liegen zurechtgeschnittene Karotten, Kartoffeln, Lauch, gelbe Rüben. In der Küche des Restaurants „De l'Ange“ im nordelsässischen Wissembourg (Weißenburg) stehen 16 deutsche Hobbyköche und schauen zu, wie der Cuisinier mit Schnauzbart und weißer Schürze einen Fleischeintopf zubereitet. „Etwas typisch Elsässisches: Baeckeoffe – aber nach meinem persönlichen Rezept.“ Bis zu drei Stunden wird die Spezialität im Ofen garen. In dieser Zeit zeigt der Franzose den versammelten Badenern und Pfälzern, wie sie heiße Brioches mit gebratenen Birnen zubereiten – bekleckst mit Schokoladensauce.

„Kochen für Feinschmecker“ heißt der Kurs, den die Teilnehmer bei der Pamina-Volkshochschule gebucht haben. Pamina? Das ist doch Mozarts „Zauberflöte“. Auch. Und vielen in der badisch-pfälzisch-elsässischen Grenzregion längst ein Begriff für ganz normalen Alltag beiderseits des Rheins. Pa-mi-na steht für Palatinat, Mittlerer Oberrhein und Nord Alsace. Kursteilnehmerin Doris Meinzer aus Karlsruhe rührt gegen die Klümpchen in der Schokoladensauce an und übersetzt Pamina so: „Elsass, Baden und die Pfalz – für mich ist das alles eins.“

Die Pamina-Volkshochschule mit Sitz in Wissembourg bringt in ihren Kursen Deutsche und Franzosen zusammen: in einer Theatergruppe, zu regelmäßigen Stammtischen oder Elsässisch-Kursen. Renner bei den Deutschen sind die Gourmetkurse. „Ich liebe einfach die elsässische Lebensart“, schwärmt Doris Meinzer.

Das Elsass, einst deutsch-französische Streitregion, ist für die badisch-pfälzischen Nachbarn längst Tankstelle für das Savoir-vivre. „80 Prozent der Gäste in meinem Restaurant sind Deutsche“, sagt Pierre Ludwig. Autos mit Kennzeichen KA, RA und BAD fahren Tag für Tag „hinüber“ und halten vor Weinstuben, Restaurants und Hypermarchés mit Namen wie „Super U“ oder „Atac“. Seit der Euro da ist und sich Preise leichter vergleichen lassen, packen die Deutschen palettenweise billigeres französisches Mineralwasser in ihre Autos. Am Fischtresen staunen sie über die atlantische Auswahl, die vor ihnen auf Eis liegt. An der Käsetheke wissen sie nicht, auf welchen reifen Brie sie zuerst deuten sollen. Und nach dem Einkauf gibt's Benzin: Der Liter kostet in Frankreich zeitweise bis zu zehn, 15 Cent weniger.

Auch die Elsässer wissen genau, wo sie auf der rechten Rheinseite ihr Glück finden. Am Wochenende schmusen Pärchen im Sprudelbecken der Thermalbäder von Baden-Baden. Fahren nach Karlsruhe in die Discos, weil's nicht so teuer ist. Und seit die französische Regierung die Tabaksteuer erhöht hat, erlebt Baden eine Raucherinvasion an seinen Kiosken.

Schnäppchen, Sinnesfreuden, Freizeitspaß. Aber mehr noch schweißt der wirtschaftliche und berufliche Alltag die Menschen der Pamina-Region zusammen. Krankenhäuser kooperieren, Polizisten jagen gemeinsam Einbrecher, Schulklassen besuchen sich. Jeden Tag überqueren rund 16000 Pendler allein aus dem Nordelsass die Grenze nach Baden und in die Pfalz. Bei den Michelin-Reifenwerken in Karlsruhe sind die Hälfte der Stammbelegschaft elsässische Grenzgänger, auch L'Oréal und Siemens beschäftigten Franzosen. Bei DaimlerChrysler im südpfälzischen Wörth arbeiten 9300 Menschen – 1650 aus Frankreich.

Gérard Wucher ist so ein Grenzgänger – seit 35 Jahren. Sein Weg zur Arbeit: 49 Kilometer einfach. Der 54-Jährige steht jeden Morgen um 4.25 Uhr im elsässischen Surbourg an der Hauptstraße. Das Dorf schläft noch, wenn der Firmenbus angerollt kommt. Die Tür geht auf, Wucher sagt dem Fahrer Bonjour. Er setzt sich nach vorne in die erste Reihe, auf seinen Stammplatz. Hinten im Bus die Kollegen, Ruhe. Auf die Lehne zurückgelegte Köpfe wackeln im Schlaf, geöffnete Münder, Schnaufen. „Als ich angefangen habe, war ich mir sicher, ich mach das nicht lange.“ Der gelernte Maschinenschlosser irrte sich. Wucher steht bei DaimlerChrysler am Montageband eins und baut Motoren in die Lastkraftwagen.

Ein sicherer Arbeitsplatz, ein gutes Arbeitsklima, Lohn, der bis zu einem Drittel höher ist als bei vielen elsässischen Firmen, ließen ihn ausharren. „Meine Nachbarn in Surbourg beneiden mich manchmal schon um den Job." Es war 1969, als Wucher hörte, dass die Firma in Wörth Mitarbeiter suchte. Mit einem Klassenkameraden fuhr er rüber. „Am Montag könnt ihr anfangen, hieß es. Damals war das noch so." In den siebziger Jahren waren die Firmenbusse so voll, dass manche Kollegen auf Klappstühlen im Gang zwischen den Sitzen saßen.

Der Bus fährt durch den Wald Richtung Grenze bei Lauterbourg. Manchmal sieht Wucher in der Frühe Wildschweine oder Rehe über die Straße wetzen. Dann tauchen Grenzgebäude auf, aber nirgendwo ein Zöllner. In einem Pavillon hat sich ein asiatischer Take-Away eingenistet – Nasi Goreng statt Grenzkontrolle. „In den Siebzigern durchsuchten die uns noch, ob wir Zigaretten oder Wein mit rübernehmen." Die Französinnen liebten die Sachen aus dem Quelle-Katalog und zogen die einfach unten drunter an. „Wir Grenzgänger machen Europa schon lange", sagt Wucher. „Ich fahre zur Arbeit, nicht in ein anderes Land." Während Franzosen wie Gérard Wucher jeden Tag nach Deutschland fahren, haben sich rund 8000 Deutsche im Nordelsass niedergelassen. Viele von ihnen wegen niedrigerer Steuern. Manche haben dort ihre Traum-Immobilie gefunden oder ihren Partner. Inzwischen gibt es sogar Deutsche, die in elsässischen Dörfern Gemeinderatsmitglied geworden sind. Andere dagegen haben Schwierigkeiten, sie unterschätzten die andere Mentalität und die Sprachprobleme – denn nur noch jeder vierte von zehn Elsässern spricht das Elsässerdeutsch.

Größtes Hindernis im deutsch-französischen Grenzalltag ist immer wieder die Sprache. Das wollen die Schulbehörden jetzt ändern. Das Elsass ist schon Anfang der neunziger Jahre vorgeprescht – mit zweisprachigen Klassen. Heute haben sieben Prozent der Schüler im Elsass 13 Stunden Unterricht auf Deutsch, 13 auf Französisch. Baden-Württemberg zuckelt hinterher: Erst seit einem Jahr unterrichten die Grundschulen am Oberrhein zwei Stunden Französisch pro Woche.

„Je früher die Kinder mit der Sprache der Nachbarn vertraut werden, desto besser", sagt Heidi Quéré. Sie ist Leiterin des deutsch-französischen Kindergartens „Le petit prince" in Baden-Baden. Im Foyer des einstöckigen Gebäudes mit Spielplatz vor dem Eingang stehen Gummistiefelbataillone und eine Rucksack-Armada. Vor einem Jahr noch war das Wohngebiet, in dem der Kindergarten steht, eine Geisterstadt. Nur die Kinder und einige Kaninchen sprangen umher. In der so genannten „Cité" waren früher französische Soldaten stationiert, die letzten 3000 sind im Jahr 1999 abgezogen. Frankophile Eltern und die Arbeiterwohlfahrt machten aus dem ehemaligen Freizeitheim des Militärs den „Kleinen Prinz" für 60 Kinder im Alter zwischen drei und sechs.

Am Ende des Gangs wacht der metergroße Mond mit Kussmund vor einer Zimmertür. Eine Mutter gibt ihren kleinen Sohn Lorenz in der Mondgruppe ab und sagt „Tschüss, au revoir." Lorenz ist drei Jahre alt und schleppt stolz ein großes Buch unter dem Arm. Titel: „Französisch – keine Hexerei". Der kleine Junge steuert vorbei an gleichaltrigen Knetmasseknetern direkt zum grünen Sofa in der Ecke, auf dem die Erzieherin Nadine Schalck sitzt. „Mais c'est un livre français", sagt die Französin. „Ja", sagt Lorenz. Nadine beginnt, den französischen Text vorzulesen. Sie deutet auf eine Hexe, „une sorcière", und Lorenz wiederholt das Wort. Nicolas gesellt sich dazu: „Regarde!"

Jede Gruppe hat eine französische und eine deutsche Erzieherin – und jede spricht nur ihre eigene Sprache. „Sie reagieren nicht, wenn die Kinder in der anderen Sprache was von ihr wollen", sagt Heidi Quéré. Lorenz sitzt nach einem Monat Mondgruppe schon zu Hause und brabbelt französische Sprachfetzen vor sich hin. „Das ist ganz normal am Anfang: Die Kleinen probieren die Laute aus, die sie im Deutschen nicht kennen." Nach zwei Jahren bilden die Kinder französische Sätze.

Mehrsprachig aufwachsen – viele Eltern in der Grenzregion wollen, dass ihre Kinder zwischen den Sprachen und Kulturen pendeln. Aus Straßburg fährt frühmorgens ein Schulbus in die Europäische Schule nach Karlsruhe, wo die Schüler von einer internationalen Lehrerschaft unterrichtet werden. „Die Kinder werden offener, durch das Kennenlernen der anderen Kultur erweitert sich ihr Horizont", sagt Heidi Quéré. Wenn ihre „kleinen Prinzen" das erste Mal den Partnerkindergarten im elsässischen Seltz besuchen, mache es „Klick" in ihren Köpfen. „Sie merken, dass es dort anders ist." Es ist weniger ein Grenzklick am Oberrhein, es ist ein Europaklick. □

Michael Neubauer, *Franke von Geburt, studierte in Freiburg und Toulouse, arbeitet als Journalist am Oberrhein und ist passionierter Grenzgänger.*

MERIAN
ZUM ABONNIEREN

MERIAN ABONNEMENT

Lust auf ein **MERIAN Abonnement**

Wenn Sie MERIAN abonnieren möchten, erhalten Sie 12 Ausgaben im Jahr für 76,40 Euro (Auslandspreise auf Anfrage) statt 90,00 Euro bei Einzelkauf. Nutzen Sie den Preisvorteil von 15 % und sichern Sie sich Ihr Dankeschön: einen Reisewecker im MERIAN Look mit Schlummerfunktion, kratzfestem Glas und stoßfestem Edelstahlgehäuse. Für Ihre Bestellung eines MERIAN Abonnements verwenden Sie bitte die Postkarte auf Seite 99.

Unser Dankeschön für Ihr Interesse: Ein hochwertiger MERIAN Reisewecker mit verchromtem Metallgehäuse und dunkelblauer Lederhülle, Alarm- und Schlummerfunktion

MERIAN MINI-ABO

MERIAN zum Probieren

Wenn Sie MERIAN ausprobieren möchten, erhalten Sie die nächsten 3 Ausgaben frei Haus innerhalb Deutschlands zum Preis von nur 19,10 Euro statt 22,50 Euro bei Einzelkauf. Nutzen Sie den Preisvorteil von ca. 15 % und sichern Sie sich zusätzlich Ihr Dankeschön: das „MERIAN extra Deutschland". Alle 16 Bundesländer werden ausführlich mit ihren landschaftlichen und kulturellen Besonderheiten vorgestellt. Mit regionalem Kartenteil, großer Deutschlandkarte zum Herausnehmen und Satellitenaufnahme. Für Ihre Bestellung dieses MERIAN Mini-Abos verwenden Sie bitte die Postkarte auf Seite 99.

Unser Dankeschön für Ihr Interesse: das „MERIAN extra Deutschland" mit allen Bundesländern auf einen Blick.

SAMMELSCHUBER

MERIAN Archiv!

Archivieren Sie Ihre MERIAN Sammlung stilvoll und sicher in den exklusiven MERIAN Sammelschubern aus Leder, Leinen oder Acryl. Jeder Schuber bietet Platz für ca. 12 MERIAN Ausgaben. Preise: Acryl 19,90 Euro. Leinen 12,90 Euro, Leder 24,90 Euro. **Kennwort: Schuber Acryl / Schuber Leinen / Schuber Leder**

Schaffen Sie Ordnung im Regal: Mit den hochwertigen Sammelschubern wird Ihre MERIAN Sammlung sicher und repräsentativ verwahrt.

Nutzen Sie auch den bequemen **BESTELLSERVICE** unter Telefon **0 40/87 97 35 40** oder **www.merian.de/shop**

PROGRAMM

AUSWÄHLEN UND BESTELLEN

Lieferbare MERIAN Titel

Ägypten
Amsterdam
Andalusien
Athen
Autostadt in Wolfsburg
Baden-Württemberg
Baltikum
Barcelona
Best of Italy
Berlin u. Potsdam
Brasilien
Budapest
Burma-Myanmar
Chicago
Chinas Norden
Cote d'Azur
Danzig & Masuren
Das neue Ruhrgebiet
Dominikanische Republik
Elsass
Ferien in Deutschland
Florida
Frankfurt
Franz. Atlantikküste
Gardasee
Große Ferien
Hamburg
Harz
Hongkong
Indiens Norden
Indiens Süden
Irland
Istanbul
Italien
Japan
Jerusalem
Kalifornien
Kanadas Osten
Kanarische Inseln
Köln
Krakau
Kreta
Kroatien
Kuba
Leipzig
Ligurien
Lissabon
Loire
London
Madrid
Mallorca
Marokko
Mauritius
Mecklenburg-Vorpommern
Mexiko
Moskau
MS Europa
München
Neapel / Amalfi-Küste
Neuseeland
New York
Oberbayern
Paris
Piemont–Turin
Portugal
Prag
Provence
Rom
Sardinien
Schottland
Schweden
Schweiz
Shanghai
Sizilien
Slowenien
Spaniens Norden
Steiermark
Südafrika
Südengland
Südtirol
Sylt
Thailand
Tirol
Toskana
Umbrien
USA: Die Südstaaten
Wasserreich Niedersachsen
Weimar
Wien

Bestellhotline:
0 40/87 97 35 40 oder
www.merian.de/shop

Die Lust am Reisen

MERIAN
ABONNEMENT

Wenn Sie MERIAN abonnieren möchten, sichern Sie sich Ihr Dankeschön: einen Reisewecker im MERIAN Look mit Schlummerfunktion, kratzfestem Glas und stoßfestem Edelstahlgehäuse.

Bitte freimachen falls Marke zur Hand. Oder senden Sie per Fax an: **040/27172079**

ANTWORT

**MERIAN Leserservice
Postfach 60 12 20**

D-22212 Hamburg

Die Lust am Reisen

MERIAN
PREMIUM SHOP

UMFANGFREICH

MERIAN *live!* Sonderausgaben

MERIAN *live!* Reiseführer. Mit Quickfinder in den Klappen, den Attraktionen jeder Reise auf einen Blick und gewohnt exzellenter MERIAN Kartografie.

Preis: 9,90 Euro

Kennwort: MERIAN live! + Deutschlands Küste, Österreich, Karibik, oder USA

Bitte freimachen falls Marke zur Hand. Oder bestellen Sie per Fax: **040/27172079**

ANTWORT

**MERIAN Premium Shop
Postfach 60 12 20**

D-22212 Hamburg

- [ ] Ich abonniere MERIAN im Jahres-Abonnement für mich selbst.
- [ ] Ich bestelle das Mini-Abonnement von MERIAN für mich selbst.[1]
- [ ] Ich möchte ein MERIAN Jahres-Abonnement verschenken.

Name / Vorname des Beschenkten

Straße / Haus-Nr. / PLZ / Ort

Tel.-Nr. / E-Mail

Die Rechnung und das umseitig jeweilige Dankeschön gehen an: (Adresse bitte unten eintragen). Der Jahres-Abo-Preis für 12 Ausgaben MERIAN beträgt 76,40 Euro frei Haus (innerhalb Deutschlands; Auslandspreise auf Anfrage).

Name / Vorname des Bestellers

Straße / Haus-Nr. / PLZ / Ort

Tel.-Nr. / E-Mail

Gewünschte Zahlungsweise bitte ankreuzen:

- [ ] **Gegen Rechnung** (Bitte keine Vorauszahlung leisten)
- [ ] **Bankeinzug** (Bequem und bargeldlos)

Bankleitzahl Kontonummer

Geldinstitut

Vertrauensgarantie: Die Bestellung wird erst wirksam, wenn sie nicht binnen zwei Wochen schriftlich beim MERIAN Leserservice, Postfach 60 12 20, 22212 Hamburg, widerrufen wird. Zur Wahrung der Frist genügt die rechtzeitige Absendung des Widerrufs. Dieses Angebot gilt nur in der Bundesrepublik Deutschland und solange der Vorrat reicht. Das Dankeschön darf ich auch bei Widerruf behalten.
1) Wenn ich nicht innerhalb von 2 Wochen nach Erhalt der 2. Ausgabe des Mini-Abonnements schriftlich beim Leserservice absage, beliefern Sie mich bitte im Jahres-Abonnement (12 Hefte zum Vorzugspreis von 76,40 Euro).
Die Kenntnisnahme dieser Hinweise bestätige ich durch meine Unterschrift:

Datum / Unterschrift SH-KA 23269 / 23270

Unser Dankeschön für Ihr Interesse am Mini-Abo:
MERIAN extra Deutschland.

Ein MERIAN Abonnement bietet Vorteile:

1. 15% Preisvorteil
Sie erhalten 12 Ausgaben zum Vorzugspreis von 76,40 Euro statt 90,00 Euro.

2. Service
Sie erhalten jede MERIAN-Ausgabe pünktlich frei Haus. Porto und Verpackung zahlen wir für Sie.

3. Vertrauensgarantie
Eine Bestellung wird erst wirksam, wenn sie nicht binnen 14 Tagen schriftlich beim MERIAN-Leserservice, Postfach 60 12 20, 22212 Hamburg, widerrufen wird. Zur Wahrung der Frist genügt die rechtzeitige Absendung des Widerrufs.

4. Geld-zurück-Garantie
Sie können Ihr Abonnement jederzeit kündigen und erhalten für gezahlte und noch nicht gelieferte Hefte natürlich Ihr Geld zurück.

Die Lust am Reisen

MERIAN

GUTSCHEIN

Lust auf Reisen?

MERIAN präsentiert zwölfmal jährlich ein lebensnahes und facettenreiches Porträt einer Stadt, einer Region oder eines Landes auf höchstem Niveau. Mit dem monatlich erscheinenden Magazin MERIAN erleben Sie einzigartige Bilder und packende Reportagen.

Das ist ein Geschenk für:

____

Die nächsten 12 Ausgaben sind ein Geschenk von:

____

Die Lieferung beginnt, sobald die oben stehende Abo-Postkarte ausgefüllt an den MERIAN Leserservice, Postfach 60 12 20, 22212 Hamburg eingegangen ist.

Bestellen Sie einfach und bequem per

MERIAN-Leserservice
Postfach 60 12 20
22212 Hamburg

040 / 87 97 35 40

040 / 27 17 20 79

www.merian.de

Ich möchte bestellen.
Bitte liefern Sie die Produkte an folgende Adresse:

Name / Vorname des Bestellers

Straße / Haus-Nr.

PLZ / Ort

Tel.-Nr. / E-Mail

Datum / Unterschrift SH-KA

Rechnung abwarten – bitte keine Vorauszahlung leisten.
Die Lieferung erfolgt, innerhalb Deutschlands, porto- und versandkostenfrei. Auslandslieferungen auf Anfrage.

- [ ] **Mit der Zusendung von Informationsmaterial bin ich einverstanden.**
- [ ] **Ich habe den Bestellwert von 25,– Euro erreicht und erhalte „Best of MERIAN" als Dankeschön dazu.**

Bitte tragen Sie hier die Kennwörter, Anzahl und Preise ein:

Kennwort	Anzahl	Einzelpreis (Euro)	Gesamtpreis (Euro)

Summe

www.merian.de
Tausende von Reisezielen, Eventkalender, Reportagen, Tipps & Empfehlungen und weitere exklusive Angebote im MERIAN Premium Shop

MERIAN
Die Lust am Reisen

PREMIUM SHOP

Angebote für Leser

In unserem Premium Shop bieten wir allen Lesern exklusive Highlights: Seltene MERIAN Ausgaben aus unserem Archiv und einzigartige MERIAN Sammlerstücke. Zusätzlich erhalten Sie ab einem Bestellwert von 25,00 Euro das „Best of MERIAN“ gratis dazu! Für Ihre Bestellungen verwenden Sie den Coupon auf Seite 99.

MERIAN **FAMILY**

KLARE RICHTUNG

Das Richtig-gut-finden-Paket mit **MERIAN** *scout*

„Schlau um den Stau“ ist die Devise. Der MobileNavigtor|4 von NAVIGON bringt Sie einfach und sicher ans Ziel. Der kostenlose Service TMC nutzt aktuelle Verkehrsmeldungen in Echtzeit und bietet Routenalternativen an. Das mobile GPS-Navigationssystem ist auch per Rad und zu Fuß hervorragend einsetzbar. Wir bieten NAVIGON mit den fundierten Tipps von MERIAN *scout* und dem neuen Pocket PC Loox 410 von Fujitsu Siemens. So finden Sie schnell und sicher 1 400 Top-Restaurants, 1 400 Sehenswürdigkeiten, 1 400 Designer-Outlets, 700 Golfplätze und 100 Freizeitparks. Preis: 599,– Euro. **Kennwort: Navigon**

WEGWEISEND

MERIAN *map*

Nutzen Sie die neuen, hochwertigen Regionalkarten von MERIAN. Präzise und detaillierte Stadtpläne bieten Ihnen nicht nur exklusive Rundgänge zu den relevanten Sehenswürdigkeiten und ausgesuchte Hotel- und Restaurantempfehlungen, sondern auch Event- und Veranstaltungstipps der Region. Mit kompetentem Sprachführer. Folgende Destinationen sind bereits jetzt erhältlich: Algarve, Andalusien, Costa Brava, Istrien, Italienische Riviera, Kreta, Mallorca, Provence, Sizilien, Toskana. Preis: jeweils 6,50 Euro.
Kennwort: Map + Destination

UMFASSEND

MERIAN Guides

Suchen Sie Ruhe in einem abgelegenen Kloster? Steht Ihnen der Sinn nach einem Wellness-Wochenende in der Eifel? Lieben Sie Nobelmarken zu Schnäppchenpreisen? MERIAN Guide trifft für Sie eine fundierte Auswahl und Bewertung aller relevanten Adressen auf jeweils mehr als 250 Seiten mit vielen Zusatzinformationen. Preis: jeweils 12,90 Euro.
Kennworte: MERIAN Guide „Kloster“
MERIAN Guide „Wellness“
MERIAN Guide „Schnäppchen“

JUBILÄUMSHEFT

Best of **MERIAN**

Ein Sammlerstück, das man nicht kaufen kann! Erleben Sie faszinierende Rückblicke in die Geschichte von MERIAN! Zusätzlich beigelegt ist jedem „Best of MERIAN“ eine detaillierte Deutschlandkarte im Posterformat von 52 x 73,5 cm. Ab einem Bestellwert von 25,00 Euro erhalten Sie das „Heft der Hefte“ kostenlos dazu. Für Ihre Bestellung verwenden Sie bitte die Postkarte auf Seite 98.

RARITÄTEN

Lust auf **MERIAN** Geschichte

Für Sammler haben wir unser Archiv geöffnet und offerieren Ihnen seltene Kulturschätze aus über 50 Jahren MERIAN. Die Archivexemplare bieten wir nur noch in sehr begrenzter Stückzahl.

Rufen Sie uns an, wenn Ihnen ein Heft in Ihrer Sammlung fehlt: Tel. 040/ 87973540

Nutzen Sie auch den bequemen **BESTELLSERVICE** unter Telefon **040/87973540** oder **www.merian.de/shop**

Alte Ingenieurskunst und neuer Fahrspaß durchs Gebirge: Bei Langenbrand balanciert die Murgtalbahn über die fast einhundert Jahre alte Haulerbrücke

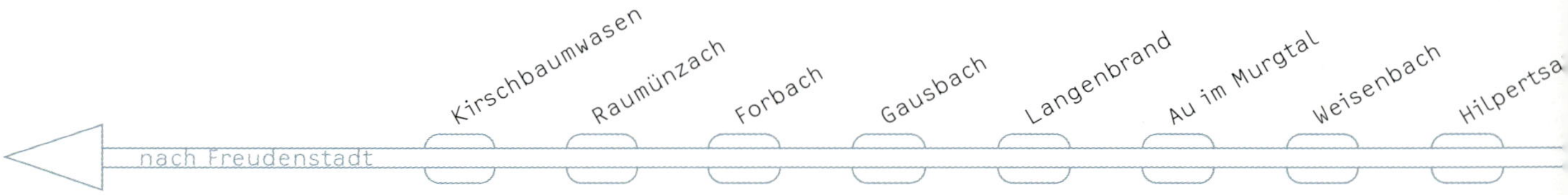

Bähnle frei

Überall in Deutschland wurden Gleise rigoros stillgelegt, in und um Karlsruhe aber fahren Straßenbahnen fast in jeden Winkel. Auf sage und schreibe 400 Kilometern Strecke – das ist auf einem weiten Feld ein wegweisendes Modell

Text: Benno Stieber, Fotos: Theodor Barth

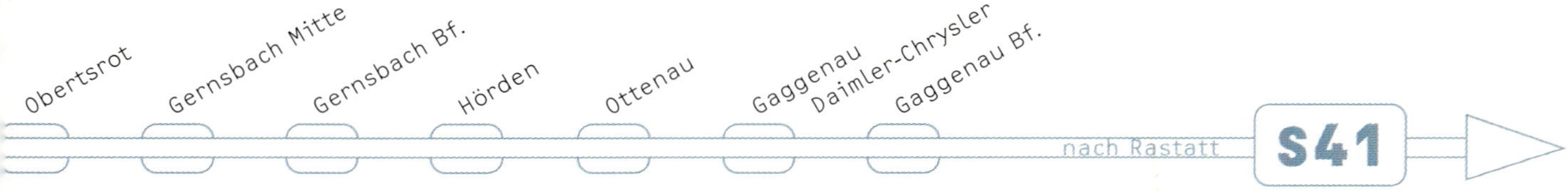

In Schlangenlinien mit dem Fluss: Trambahnfahrt an der Murg entlang

S41 nach Forbach

Bad Rotenfels Weinbrennerstr. – Bad Rotenfels Bf. – Bad Rotenfels Schloss – Bischweier Bf. – Kuppenhei

Ein Kraftakt der Wasserbauer auf fast 670 Meter Höhe: Zwei Kilometer lang ist der in den zwanziger Jahren angelegte Schwarzenbachstausee

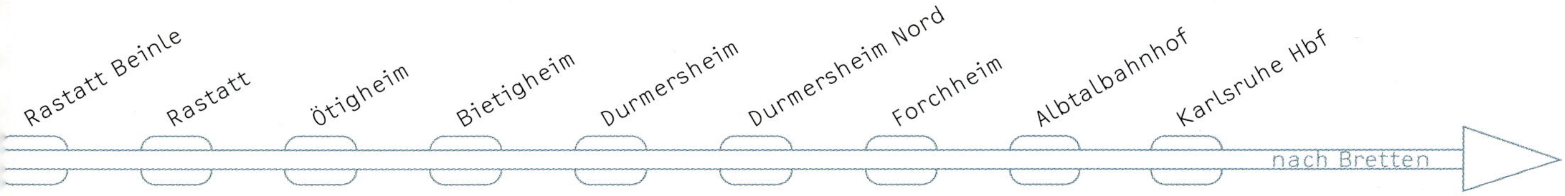

Vegetarische Vierbeiner sorgen auch bei Bermersbach dafür, dass der Wald die Schwarzwaldwiesentäler nicht zurückerobert

Ein Dorf, ein Blumengarten: Am Fuß des Bernsteins liegt Gaggenau-Michelbach

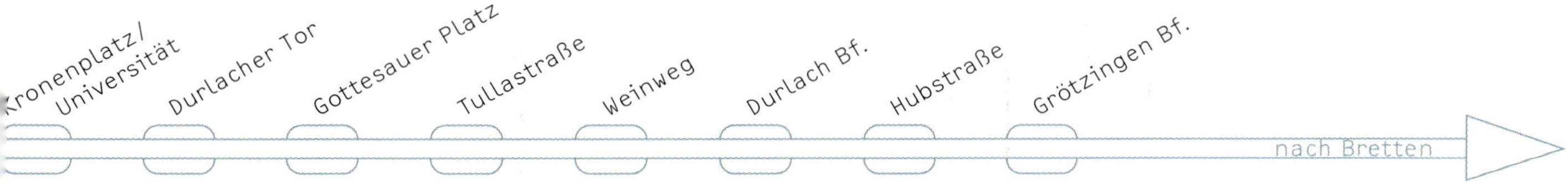

„'S BÄHNLE" sagen die Karlsruher, wenn sie ihren öffentlichen Nahverkehr meinen. Das ist typisch badisches Understatement. Denn inzwischen ist das Streckennetz auf 400 Kilometer angewachsen und damit eines der größten in Europa. Die Tram fährt auf den Bahngleisen und verbindet Karlsruhe mit den schönsten Landschaften der Region. MERIAN macht drei Ausflüge mit der Stadtbahn.

Route 1: Die KRAICHGAUBAHN

Reiner Schuhmacher thront in seinem Führerhäuschen. Er steuert den Wagen der Linie 41 durch das Getümmel auf der Karlsruher Kaiserstraße. Noch anderthalb Stunden bis zur Endstation Heilbronn Harmonie. Hier in der Stadt müsse er sich konzentrieren, sagt Schuhmacher, weil ja jederzeit ein „Mütterle blind vor den Wagen schlappen" könnte.

Die Türme von Schloss Gottesaue, Sitz der Musikhochschule, rasen vorbei, am Messplatz kann Schuhmacher Gas geben. Karlsruhe–Heilbronn wurde erst im Jahr 2001 eingeweiht und ist die längste zusammenhängende Strecke der Stadtbahn Karlsruhe. Sie führt nach Nordosten durch den Kraichgau, eine Landschaft, geprägt von Hügeln und Hohlwegen, so stimmungsvoll wie die Toskana.

Hinter dem Bahnhof Durlach geht es auf die freie Strecke. Hier findet eine seltsame Metamorphose statt. Auf einem stromfreien Gleisstück schaltet der Wagen von 750 Volt Gleichstrom auf 15 000 Volt Wechselstrom um. Ab jetzt gilt die „Eisenbahn-Bau- und Betriebsordnung", Reiner Schumacher wird vom Straßenbahnfahrer zum „Triebwagenführer", der Fahrgast – juristisch gesehen – zum „Reisenden". Schuhmacher kann jetzt auf 100 km/h beschleunigen. Die Haltestellen Grötzingen und Oberausstraße fliegen vorbei. Halt nur bei Bedarf. Schuhmacher ist in seinem Element. „Schienen-Schumi" nennen ihn die Kollegen.

Langsam öffnet sich die weiche Landschaft des Kraichgaus mit ihren Obstbäumen und den sanften Hügeln, die zur Rapsblüte kilometerweit gelb leuchten. Die Straßenbahn gleitet durch Tunnel und Hohlwege. Schuhmacher erzählt aus den Pionierzeiten, als sie nachts um halb eins in Wössingen den Orientexpress auf seiner Fahrt von Paris nach Prag passieren lassen mussten. Die Lokführer hätten anfangs ihren Augen nicht getraut, als sich da eine Straßenbahn auf ihren Schienen breit machte.

Wir erreichen den Bahnhof Bretten. Von hier aus kann man bequem in die S9 Richtung Bruchsal umsteigen. Am besten macht man dann in Gondelsheim Station und kehrt nur wenige Meter von der Haltestelle im Gasthof Löwenthor ein. Belgisches Bier schenkt der Wirt aus, so süffig und hochprozentig, dass man froh ist, mit der Bahn gekommen zu sein.

Reiner Schumacher lässt den Brettener Bahnhof hinter sich, die Bahn gleitet in weitem Bogen um die Altstadt. Die beiden mittelalterlichen Türme der Stadtmauer werden sichtbar, man kann den Marktplatz orten. Bretten Stadtmitte, der nächste Halt, ist ein guter Ausgangspunkt für eine Ortsbesichtigung.

In Flehingen steigen Hilde Keppler und ihr Mann Heinrich zu. Sie wollen nach Sulzfeld zur Besenwirtschaft Pfefferle. Manchmal wandern sie zum Essen in ein Edellokal auf der Burg Ravensburg, aber heute soll es etwas Deftiges sein. Der Kraichgau ist berühmt für seine Besenwirtschaften

Sensibles Händchen: Reiner Schuhmacher im Führerstand der S41

S41 nach Karlsruhe Hbf

Oberausstraße
Berghausen Hummelberg
Jöhlingen West
Jöhlingen Bf.
Wössingen Bf.
Wössingen Ost

Stromabnehmer passiert Stromerzeuger: Vom Staubecken bei Kirschbaumwasen schießt das Wasser in Stollen murgabwärts zu den Turbinen der EnBW in Forbach

Bummeln, bis es Nacht wird, einkehren, genießen: auch gern in Gernsbach

Dürrenbüchig · Rinklingen · Bretten Bf. · Bretten Stadtmitte · Bretten Wannenweg · Bretten Schulzentrum · Bretten Kupferhälde · nach Eppingen

Landleben nach Adelsart: Schloss Favorite bei Rastatt

Rhapsodie im Gelb: im Kriechgang durch den Kraichgau

In Gondelsheim: Gasthof Löwenthor

Sommersitz der Markgräfin Sibylla Augusta

(s. S. 119), die traditionell nur wenige Wochen im Jahr während der Weinlese geöffnet haben. Die Kepplers steigen schon in Zaisenhausen aus, dann ist es noch ein ordentlicher Fußweg zu den Pfefferles. Schwarzriesling und Kesselfleisch schmecken danach doppelt gut.

Hinter Sulzfeld passiert die Bahn die Grenze ins Schwäbische. Für manchen Badener heute noch ein harter Übergang, witzelt Schuhmacher. Wir fahren in den Bahnhof Eppingen ein. Die Innenstadt mit ihren Fachwerkhäuschen und alten Gassen ist nur einen kurzen Fußweg vom Bahnhof entfernt. Schuhmacher braucht jetzt noch eine halbe Stunde nach Heilbronn. Dort fädelt sich der gelbe Zug in den Stadtverkehr ein, wird wieder zur Straßenbahn. Und „Schienen-Schumi" ganz normaler Trambahnfahrer.

Route 2: Die ALBTALBAHN

Die S1 ist voll an diesem Morgen, die Ausflügler haben sich am Karlsruher Hauptbahnhof in die Bahn geschoben, trotzdem kommt sie pünktlich in Ettlingen an. Torsten Vogel ist zufrieden. Wie ein Feldherr steht er vor dem Stelltisch in der Ettlinger Verkehrsleitzentrale, koordiniert den Verkehr im verzweigten Netz des KVV. Vogel grüßt den Fahrer der S1 durch die getönte Scheibe.

Die Albtalbahn ist die älteste Strecke des Karlsruher Verkehrsverbundes. Schon vor hundert Jahren schnaufte die Dampfbahn mit Sommerfrischlern nach Bad Herrenalb hinauf. Und noch heute müssen Vogel und seine Kollegen die Weichen zwischen Ettlingen und Herrenalb von der Zentrale aus per Hand stellen.

Die S1 leert sich in Ettlingen fast zur Hälfte. Viele Ausflügler machen Station in der Altstadt und besichtigen das Barockschloss. Edwin Knopf lässt den Touristenstrom passieren und wuchtet dann sein silbernes Tourenrad in die Bahn. Er hat das braun gebrannte Gesicht eines entspannten Herrn im Rentenalter. Der pensionierte Bäckermeister aus Neuweier bei Baden-Baden ist auf Erkundungstrip für die jährliche Fahrradtour seines Turnvereins. „Da sind immer Schlaumeier dabei, die glauben, sie kennen den Weg besser. Deshalb schau ich mir die Strecke vorher lieber an", sagt Knopf und grinst.

Draußen fliegen die Häuser von Busenbach und Etzenrot vorbei. Das Tal wird enger, links und rechts steigen Wiesenhänge an. Die Bahn hält in Frauenalb-Schielberg. Es ist nur ein kleiner Fußweg durch Frauenalb zur Ruine des alten Klosters. Vorbei am Gasthof „König von Preußen", dessen Name im Schwarzwald etwas exotisch wirkt. Das ist wohl auch dem Besitzer aufgefallen: Neben dem Eingang hängt ein großer Bronzebeschlag mit dem badischen Wappen.

Die Klosterruine wirkt ein bisschen wie ein verwunschenes Schloss. Aus den Türmen wachsen Sträucher, die Bogenfenster werfen Schatten in den Innenraum der Ruine. Frauenalb wurde in der Säkularisierung aufgelöst, brannte später aus. Heute finden in der Ruine Sommerkonzerte statt.

Zwei Bahnstationen weiter, in Bad Herrenalb, liegt mitten im Ort das alte Mönchskloster. Es ist kleiner als Frauenalb und schnell besichtigt. Zeit für eine Pause vor der Rückfahrt in einem der zahlreichen Cafés.

Klosterkirche, Lazarett, Fabrik und seit 1853 Brandruine: Frauenalb im Albtal

Edwin Knopf hat sich derweil aufs Rad geschwungen. Fährt immer Richtung Rheinebene nach Iffezheim. Etwa 40 Kilometer. Das schafft er in zwei, drei Stunden.

Route 3: Die MURGTALBAHN Als wir den Bahnhof Rastatt verlassen, begrüßt uns eine weibliche Stimme aus dem Lautsprecher und verspricht eine „spektakuläre Fahrt mit der Gebirgsbahn". Vorbei geht's am Schlösschen von Bad Rotenfels, 58 Kilometer weit bis Freudenstadt, bei 619 Metern Höhenunterschied. Das gibt es nicht häufig in Deutschland. Für eine Stadtbahn ist es sogar einmalig.

Die einzigen erkennbaren Erhebungen bis Gaggenau sind Berge von Baumstämmen, die hier zu Papier verarbeitet werden. Bis ins 19. Jahrhundert wurden die großen Stämme von den Höhen des Schwarzwalds auf der Murg in den Rhein und von dort für den Schiffbau in die Niederlande geflößt. Heute macht man vor Ort Bierdeckel daraus.

Über Ottenau, Hörden – das Tal wird langsam enger – erreichen wir Gernsbach. Schon von weitem ist Schloss Eberstein zu sehen, es thront auf einer Felsnase, darunter erstrecken sich Weinhänge. Es lohnt sich, die Fahrt für einen Spaziergang durch die Altstadt zu unterbrechen. Viele Winkel gibt es hinter der alten Stadtmauer zu entdecken: Fachwerkhäuser, der Storchenturm, das Kornhaus und das Rathaus, ein prunkvoller Renaissancebau, der vom früheren Reichtum des Flößerortes erzählt und heute eine Weinboutique beherbergt.

Sabrina Weiler hat keine Augen für Sehenswürdigkeiten. Es gibt Spannenderes für die Siebzehnjährige als alte Gemäuer. Außerdem kommt sie gerade von einem Seminar und ist hundemüde. Die S41 soll sie nur schnell nach Hause bringen. Jeden Tag fährt sie mit der Bahn nach Gernsbach, wo sie ein Soziales Jahr im Altenheim absolviert. Es geht vorbei an Weisenbach mit seiner Kapelle hoch über dem kleinen Ort, das Tal wird steiler und zerklüfteter. Ein Tunnel noch, dann kommt Langenbrand. Die Eltern sollen Sabrina abholen. Aber der Bahnsteig ist leer. Sabrina setzt sich auf ihre Tasche und wartet in der Sonne. „Die werden schon noch kommen", sagt sie.

Die Bahn zwängt sich weiter ins Tal hinein. Kurz vor Forbach überquert sie die Brücke, die sich mit ihren acht Steinbögen 183 Meter lang über die Tennetschlucht spannt. Längst hat man vergessen, dass man eigentlich in einer Straßenbahn sitzt. Dann kommt Forbach. Von hier aus kann man mit einen Bus zur Schwarzenbachtalsperre hinauffahren, dem größten Stausee Baden-Württembergs. Oder man wandert durch die Heuhüttentäler bei Bermersbach und streichelt dabei Ziegen, die im öffentlichen Dienst im Tal das Gras mähen.

Hinter Schwarzenberg öffnet sich das Tal. Gleich kommt Baiersbronn, das Dorf mit den meisten sterngekrönten Köchen. Der beste unter ihnen: Harald Wohlfahrt im Hotel „Traube Tonbach". Bei ihm zu tafeln ist Höhepunkt einer Fahrt ins Murgtal. Danach sind es nur noch vier Haltestellen bis Freudenstadt. Endstation.

MERIAN | INFO Karlsruher Verkehrsverbund

In den 70er Jahren, als die Bundesbahn in den ländlichen Regionen die Schienen abbaute und die Städte ihre Trambahnen durch Busse ersetzten, gingen die Karlsruher den umgekehrten Weg. Dieter Ludwig, Chef des Nahverkehrs, hatte die Idee, die Netze von Straßenbahn und Bundesbahn zu verbinden. Das „Karlsruher Modell" war geboren. Rund um die Stadt pachtete der Verkehrsverbund die Nebenstrecken der DB und ließ einen Wagen für beide Strom- und Gleistypen entwickeln. Heute besteht das Netz aus 400 Schienenkilometern und reicht von Karlsruhe bis kurz vor Stuttgart, von Heilbronn bis nach Freudenstadt tief im Schwarzwald und über den Rhein in die Südpfalz. Damit ist das Streckennetz eines der größten in Europa.

>> Liniennetzplan auf Seite 114

UNIMOG

MERIAN REISE-INFO

KARLSRUHE UND UMGEBUNG

MERIAN Top Ten

Was Sie sich nicht entgehen lassen dürfen

Alle Texte im Infoteil: Benno Stieber

*/** Legende s. S. 114

1. ZKM Karlsruhe besitzt die weltweit einzigartige Forschungs-, Lehr- und Ausstellungsstätte für Medienkunst, 1997 eröffnet. Angegliedert ist das Museum für Neue Kunst der vergangenen 50 Jahre. (a 5)*

2. Raststatter Schloss Um 1700 entstand binnen weniger Jahre diese erste große Barockresidenz Deutschlands. Im Erdgeschoss des Corps de Logis die „Erinnerungsstätte für die Freiheitsbewegungen in der deutschen Geschichte". (C 6)**

3. Oberländer Weinstube Hinter unscheinbarer Fassade in der Akademiestraße verbirgt sich eines der besten Restaurants in Karlsruhe, wenn nicht der ganzen Region. „Stammsitz" des Philosophen Peter Sloterdijk und des Komponisten Wolfgang Rihm. (b/c 3)

4. Sammlung Frieder Burda Einzigartige Privatkollektion in einem einzigartigen Gebäude. Frieder Burda präsentiert Gemälde und Skulpturen der Moderne in dem eigens von Stararchitekt Richard Meier gebauten Museum in Baden-Baden. (C 7)

5. Murgtalbahn Das Straßenbahnnetz der Region kann es mit dem jeder Metropole aufnehmen. Wer erleben will, wie sich eine Tram in eine Bergbahn verwandelt, sollte ins Murgtal fahren – zum Wandern oder Radeln. (C/D 6-8)

6. Peter- und Paul-Fest Historienspektakel am ersten Wochenende nach dem 29. Juni, bei dem detailgenau eine Schlacht von 1504 noch einmal geschlagen wird und die Altstadt von Bretten sich in ein uriges Landsknechtslager verwandelt. (F 4)

7. Das Fest Karlsruhe feiert eines der größten kostenlosen Open Air-Festivals in Deutschland. Am Rhein lebt Woodstock wieder auf, Weltstars sind mit von der Party. (a 6)

8. Iffezheim Man muss kein Pferdefan sein, um auf der Rennbahn in Iffezheim auf seine Kosten zu kommen. Beim Frühjahrs- und Herbstmeeting geht auch die Edelriege der Modisten und Modeschöpfer an den Start. (B 6)

9. Maulbronn Die mittelalterliche Zisterzienser-Klosteranlage Maulbronn zählt zum Weltkulturerbe und lohnt einen kleinen Ausflug über die Grenzen der Region hinaus. (G 5)

10. Pamina-Rheinpark Badener, Elsässer und Pfälzer haben ihre Rheinauen zum grenzübergreifenden Freilichtmuseum herausgeputzt. (B/C 4-6)

Daten zur Region

Fläche 2137 km² (6 % der Fläche Baden-Württembergs)
Einwohner Knapp 1 Million Menschen wohnen in der TechnologieRegion Karlsruhe. Das sind immerhin 9 % der Bevölkerung Baden-Württembergs. Die Stadt Karlsruhe hat auf einer Fläche von 173 km² 283 000 Einwohner, 25 000 davon sind Studenten. Die Kurstadt Baden-Baden zählt 54 000 Einwohner.
Geographie Die TechnologieRegion Karlsruhe liegt zwischen dem Rhein im Westen und dem Schwarzwald im Osten. Nordöstlich wird sie vom Kraichgau begrenzt. Höchste Erhebung ist der Hohe Ochsenkopf bei Herrenwies zwischen Bühl und Forbach mit 1055 Metern.
Wirtschaft Mit einem Bruttoinlandsprodukt von 32 Milliarden Euro trägt die Region 10 Prozent zum Bruttoinlandsprodukt des Landes Baden-Württemberg bei. Die TechnologieRegion liegt bei der Arbeitslosigkeit knapp unter dem Landeswert von 6,9 %. Die Daimler-Chrysler-Werke in Rastatt und Gaggenau zählen zu den größten Arbeitgebern. Der Karlsruher Binnenhafen ist mit seinen 6 Millionen Tonnen Güterumschlag pro Jahr einer der großen Deutschlands.

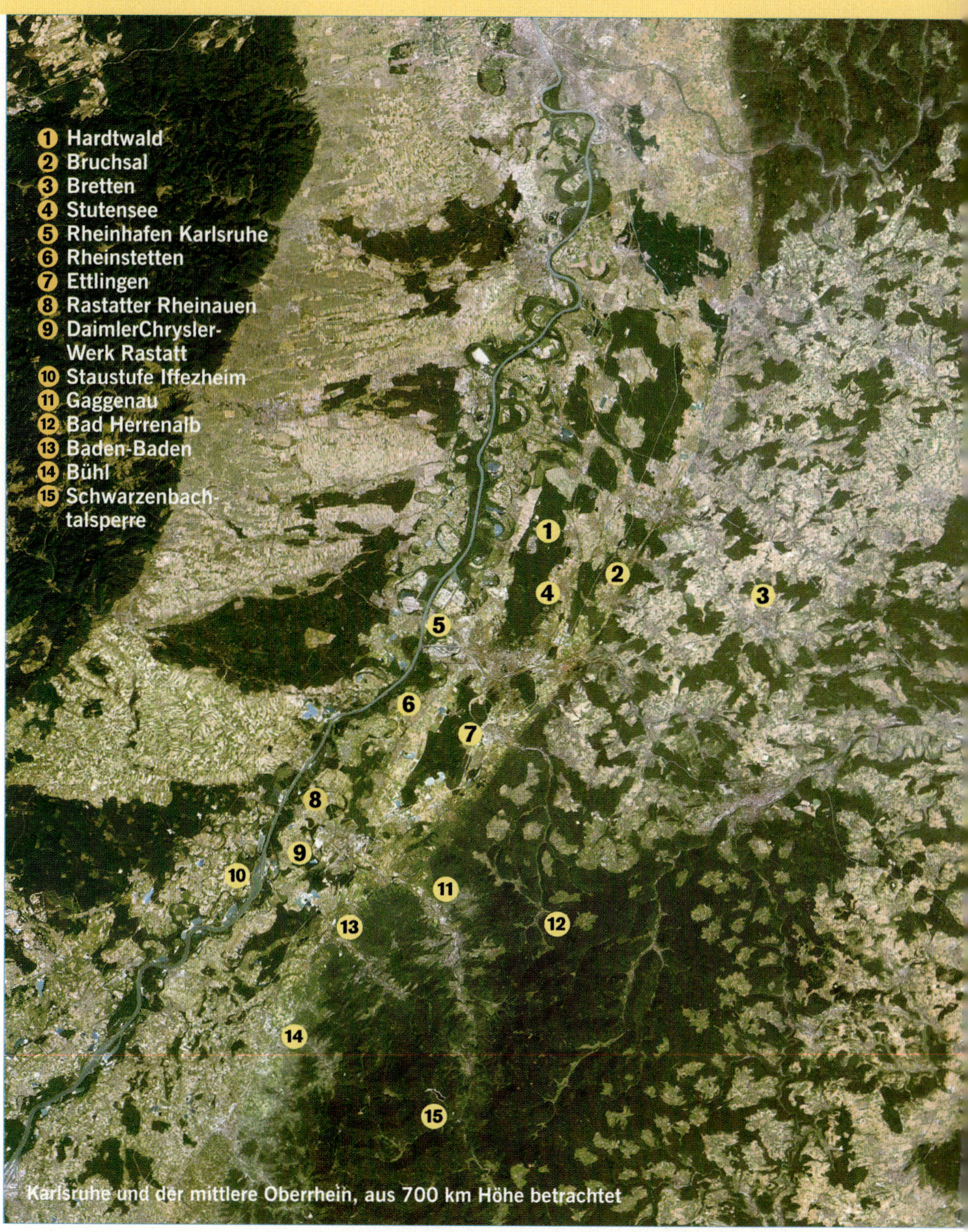

Karlsruhe und der mittlere Oberrhein, aus 700 km Höhe betrachtet

Legende

Die Planquadrate – große Buchstaben – beziehen sich auf die MERIAN-Karte (S. 134–136) oder – kleine Buchstaben – auf den Stadtplan (S. 133)

Preiskategorien Hotels (Einzelzimmer mit Frühstück): € 30 bis 100 € €€ 100 bis 200 € €€€ über 200 €

Preiskategorien Restaurants (für ein Hauptgericht): € bis 10 € €€ von 10 bis 18 € €€€ ab 18 €.

ANREISE

Mit dem Zug
Alle Gleise führen nach Karlsruhe. Ob ICE oder Interregios, Eurocitys nach Paris und Bern – Karlsruhe ist Verkehrsknotenpunkt. Der Hauptbahnhof liegt nicht weit von der Innenstadt. Von hier kann man alle Orte der Region mit dem gut ausgebauten, 400 km langen Straßenbahnnetz des Karlsruher Verkehrsverbunds (KVV) erreichen.

Mit dem Auto
Die Städte der TechnologieRegion reihen sich entlang der A5 und sind – theoretisch – schnell und problemlos mit dem Auto zu erreichen. Praktisch steht man jedoch zwischen dem Kreuz Walldorf und Offenburg häufig im Stau.

Mit dem Flugzeug
Der Baden-Airpark in Rheinmünster-Söllingen liegt nahe der A5 und den Bundesstraßen 36 und 500. Es gibt Flugverbindungen mit Billiglinien nach London, Rom und Barcelona sowie in verschiedene europäische Feriengebiete; auch Charterflüge zu den deutschen Flughäfen Berlin, München, Nürnberg, Stuttgart, manche allerdings nur einmal in der Woche. Näheres unter **www.airport.badenairpark.de.** Wer bei der Anreise nach Karlsruhe Linienflüge bevorzugt, kann bis Stuttgart oder Frankfurt fliegen und dann mit dem Zug oder dem Mietauto weiterreisen.

INFORMATIONEN

Tourismus-Marketing Baden-Württemberg
Esslinger Straße 8
70182 Stuttgart
Tel. (0711) 23 85 80
Fax (0711) 238 58 99

Geschichte

Um 80 n. Chr. Die Römer bauen erste Badeanlagen in Baden-Baden.
Um 150 Errichtung der römischen Verteidigungslinie Limes.
Um 200 Kaiser Caracalla veranlasst den luxuriösen Ausbau der Kaiserbäder in Aquae (Baden-Baden).
260 Die Alemannen überwinden den Limes.
500 Franken erobern unter Chlodwig das Oberrheingebiet.
11./12. Jahrhundert Höhepunkt der Klostergründungen.
1112 Hermann II. nennt sich „Marchio de Baduon". Beginn der Markgrafenschaft.
1467 Niclaus von Leyden vollendet das Baden-Badener Kruzifix (heute in der Stiftskirche).
1497 Philipp Schwarzert (Melanchthon), Weggefährte Luthers, wird in Bretten geboren.
1502 Der Untergrombacher Joß Fritz führt die Aufständischen der Bundschuh-Bewegung in den Bauernkrieg.
1504 Bretten wehrt die Belagerung Ulrichs von Württemberg ab.
1535 Teilung der Markgrafenschaft in die katholische Linie Baden-Baden und die evangelische Linie Baden-Durlach.
1688–97 Im Pfälzischen Erbfolgekrieg werden weite Teile der Markgrafschaft Baden-Durlach, vor allem die Residenzstadt Durlach, zerstört.
1699 Markgraf Ludwig Wilhelm („Türkenlouis") legt Schloss und Stadt Rastatt an.
1715 Gründung von Karlsruhe und Bau der Residenz durch Markgraf Karl Wilhelm von Baden-Durlach.
1771 Die Markgrafschaft Baden-Baden wird durch Erbschaft wieder mit Baden-Durlach vereinigt.
1803 Als Ausgleich für die an Frankreich verlorenen linksrheinischen Gebiete wird die rechtsrheinische Kurpfalz an Baden abgetreten.
1806 Baden wird Großherzogtum.
1818 Liberale Verfassung im Großherzogtum Baden.
1820–22 Das Ständehaus, Deutschlands erstes Parlamentsgebäude, wird in Karlsruhe errichtet.
1825 Gründung des Karlsruher Polytechnikums, der ersten deutschen Technischen Hochschule.
1844 Carl Benz wird in Karlsruhe geboren.
1848/49 Badische Revolution.
1849 Rastatt kapituliert als letzte Bastion der Revolutionäre.
1870 Baden tritt dem Norddeutschen Bund bei.
1918 Baden wird wieder Republik.
1945 Die Städte Bruchsal und Karlsruhe werden bei Luftangriffen schwer getroffen.
1950 Eröffnung des Bundesgerichtshofs in Karlsruhe und ein Jahr später des Bundesverfassungsgerichts.
1951 Volksabstimmung über ein Bundesland aus Württemberg und Baden. Karlsruhe verliert seine Funktion als Landeshauptstadt.
1953 Baden-Württemberg wird offizieller Landesname.
1973 Verwaltungsreform tritt in Kraft, viele Städte und Gemeinden werden zusammengefasst.
1995 Markgräfliche Besitztümer werden bei Sotheby's versteigert.

Regionalverband Mittlerer Oberrhein
Baumeisterstraße 2
76137 Karlsruhe
Tel. (0721) 355 02-0
www.region-karlsruhe.de

IHK Karlsruhe
Lammstraße 13–17
76133 Karlsruhe
Tel. (07 21) 174-260, www.trk.de

Unterwegs in der TechnologieRegion
Der KVV verfügt über eines der größten öffentlichen Nahverkehrsnetze in Europa. Es reicht von Baden-Baden bis Heilbronn und vom Elsass bis kurz vor Stuttgart. Die Straßenbahnen fahren außerhalb der Stadt auf Bahnschienen. Die landschaftlich reizvollsten Strecken führen in den Kraichgau, ins Murgtal und nach Bad Herrenalb. **www.kvv.de**

Tageskarten
Das Ticket für 24 Stunden im Gesamtnetz kostet 7 €, für mehrere Personen und Familien gibt es günstige Gruppenkarten.

Mit dem Rad
Im gesamten Netz des KVV ist die kostenlose Fahrradmitnahme ab 9 Uhr (am Wochenende ganztägig) möglich. Am Karlsruher Bahnhof und am Marktplatz gibt es Fahrradkarten mit Tourenvorschlägen. Infos über Fahrradvermietung bei den örtlichen Touristeninformationen.

Jugendherbergen
Es gibt fünf Jugendherbergen in der Region: in Baden-Baden, Karlsruhe, Bad Herrenalb, Forbach und im Umweltstudienplatz Herrenwies bei Forbach.
DJH Baden-Württemberg
Schwieberdinger Straße 62
70435 Stuttgart
Tel. (07 11) 166 86-0
www.djh-bad-wuertt.de

Veranstaltungshinweise
In Karlsruhe und Umgebung bieten die „Badischen Neuesten Nachrichten" einen täglichen Überblick. Dazu gibt es eine Reihe Anzeigenblätter wie „Klappe auf", „Der Kurier" und „Der Sonntag" sowie die Internetseiten von **www.ka-news.de.** Außer dem landesweit sendenden SWR 3 (UKW 99,9) aus Baden-Baden und der privaten Konkurrenz von „Radio Regenbogen" aus Mannheim (UKW 100,4) informiert in Karlsruhe noch „Radio Querfunk" (UKW 104,8).

BÜCHER

DuMont Kunst-Reiseführer Nord-Baden **Sibylle Lauth, DuMont-Verlag 2002; 25,90 €.** Entdeckungen zwischen Odenwald und Schwarzwald.

DuMont direkt Karlsruhe **Helmuth Bischoff, DuMont-Verlag 2004; 7,95 €.** Aktuelle und originelle Reisetipps sowie diverse Adressen.

Karlsruhe. Der Stadtführer **Sibylle Peine, G. Braun, Karlsruhe 2003; 9,80 €.** Stadtrundgänge, die auch Beschauliches entdecken lassen.

Mordsverkehr **Wolfgang Burger, Kontraste-Verlag, 3. Aufl. 2004; 9,90 €.** Der Autor leitet ein Forschungslabor an der Universität Karlsruhe. Nebenher schreibt er Krimis, die viel über Stadt und Region erzählen.

Der Spieler **Fjodor Dostojewskij, dtv 1998; 7,50 €.** Der autobiografische Roman des großen Russen spielt unter anderem im Baden-Baden des 19. Jahrhunderts.

Das kalte Herz **Wilhelm Hauff, Eulenspiegel 2003; 5,90 €.** Märchen vom Kohlenmunkpeter zur Zeit der Schwarzwaldflößer. Ort: das Murgtal.

Der Abenteuerliche Simplicissimus Teutsch **Hans Jakob Christoph von Grimmelshausen, dtv 1975; 12 €.** Im Dreißigjährigen Krieg treibt es den jungen Helden auch durch den Schwarzwald.

Der Gang nach Karlsruhe **Uwe Wesel, Blessing 2004; 22 €.** Der Rechtshistoriker beschreibt auch für Nichtjuristen unterhaltsam die Geschichte des Bundesverfassungsgerichts.

MERIAN | MEISTERWERK

Könner in der Kutte

Kloster Maulbronn

Gotisches Brunnenhaus am Nordflügel des Kreuzgangs

Die am besten erhaltene mittelalterliche Klosteranlage nördlich der Alpen liegt in direkter Nachbarschaft zu Bretten. 1993 wurde das Kloster Maulbronn von der UNESCO zum Weltkulturerbe erwählt. Im Jahr 1147 hatten zwölf Mönche aus dem Elsass im abgeschiedenen Salzachtal mit dem Bau begonnen. Sie waren Zisterzienser, trugen die weiße Tunika und den schwarzen Gürtel, lebten in strenger Askese und erwiesen sich als Meister in der Landwirtschaft.
In der Blütezeit war Maulbronn, wie fast alle Zisterzienserklöster jener Zeit, ein nahezu autarkes Gemeinwesen. „Unsere Weinfässer sind größer als die Wohnungen ägyptischer Mönche und unsere Fruchtspeicher größer als ihre Klöster", prahlte einer der Maulbronner Äbte im 12. Jahrhundert. Die nahe gelegene Kaiserstraße ermöglichte Handel und eine gute Verbindung zur Bischofsstadt Speyer jenseits des Rheins. Knapp zehn Jahre nach der Gründung stellte Kaiser Barbarossa das Kloster unter seinen Schutz. 1504 fiel es nach siebentägiger Belagerung an Württemberg. Die Herzöge von Württemberg unterwarfen es der Reformation.
Im Jahr 1556 wurde die evangelische Klosterschule eingerichtet. Hier studierten große Geister wie der Astronom Johannes Kepler und der Dichter Friedrich Hölderlin Theologie. Hermann Hesse verarbeitete seine Maulbronner Studienzeit in dem Roman „Unterm Rad". Noch heute ist das 1806 geschaffene evangelische Priesterseminar hier untergebracht.
Für die Besichtigung des prächtigen Bauwerks sollte man einen halben Tag einplanen.

(G 5) Maulbronn *1. März-31. Okt. täglich 9-17.30 Uhr; 1. Nov.-28. Feb. Di-So 9.30-17 Uhr Führungen um 11.15 Uhr und 15 Uhr*
Info-Tel. (072 31) 165 82 63

BRETTEN

(F 4) Stadtinformation
Marktplatz 12
Tel. (072 52) 95 76 20
Fax (072 52) 95 76 22
Öffnungszeiten: Mo-Fr 9.30 bis 17 Uhr, Sa 9.30-12.30 Uhr

Südlicher Kraichgau
Kraichgau-Stromberg Tourismus e.V.
Melanchthonstraße 32
75015 Bretten
Tel. (072 52) 963 30
Fax (072 52) 96 33 12
www.kraichgau-stromberg.com

MUSEEN

Melanchthon-Haus
Der Vater hat Geschütze gegossen und schwertresistente Rüstungen zusammengedengelt. Der 1497 geborene Sohn Philipp steckte seine scharf geschnittene Nase lieber in Gelehrsamkeiten auf Pergament und Papier. Er besuchte mit zwölf die Universität, war Magister mit 17, Professor mit 21, befreundet mit Luther und, obwohl 14 Jahre jünger, dessen Griechischprofessor. „Dieser kleine Grieche übertrifft mich auch in der Theologie", sagte Luther einmal über Philipp Melanchthon, Brettens großen Sohn. Das Melanchthon-Haus wurde 1897/1903 an der Stelle errichtet, wo 1689 das Geburtshaus des Reformators abgebrannt war. Außer dem Museum über Leben und Wirken des Mannes, der eigentlich Schwarzert hieß, birgt das neugotische Haus eine Spezialbibliothek und eine Dokumentationsstelle der Melanchthonforschung.
Melanchthonstraße 1
Tel. (072 52) 944 10
Mitte Feb. bis Ende Nov. Di-So 14-17 Uhr Sa/So auch 11-13 Uhr

Gerberhaus
In den 90er Jahren haben Brettener Bürger das älteste Haus der Stadt (1585) vor der Abrissbirne gerettet. Heute wird darin eine liebevoll gestaltete Ausstellung zum Gerberhandwerk gezeigt.
Tel. (072 52) 95 76 20
Sonn- und feiertags 15-18 Uhr Dez./Jan. geschlossen

Museum im Schweizer Hof
In einem der schönsten Fachwerkhäuser ist das regional- und stadtgeschichtliche Museum untergebracht. Wechselnde Sonderausstellungen.
Engelsberg 9
Tel. (072 52) 97 28 00

RESTAURANTS

Guy Graessel
Küchenchef Guy Graessel legt Wert auf gepflegte deutsch-französische Gastronomie. Besonders zu empfehlen: seine Kaninchen- und Fischgerichte.
Karlsruher Straße 2
Bretten-Diedelsheim
Tel. (072 52) 71 38
Do u. So abends geschl. €€€

Goldener Schwan
In der Gaststube im Erdgeschoss des Museums Schweizer Hof kommen Spezialitäten der Region zu zivilen Preisen und in sehr guter Qualität auf den Tisch. Empfehlenswert: Wildgerichte.
Melanchthonstraße 24
Tel. (072 52) 96 47 47 €

Gasthof Löwenthor
Das Haus aus dem 16. Jh. könnte eine prima Kulisse für einen Drei-Musketiere-Film abgeben. Zu den Spezialitäten gehört eigens für das „Löwenthor" abgefülltes belgisches Bier. Im Sommer sitzt man lauschig im Hof.
Bruchsaler Str. 4, Gondelsheim
Tel. (072 52) 66 76 €€

HOTELS

Hotel Krone
Das älteste in Bretten. Hier nächtigte schon Kaiser Karl V. Heute findet man in dem Fachwerkhaus direkt am Marktplatz moderne Zimmer und einen familiären Service.
Marktplatz 2
Tel. (072 52) 978 90
www.krone-bretten.de €

Hotel Eulenspiegel
Kleines Hotel im Zentrum der Altstadt. Die acht Zimmer sind individuell nach geschichtlichen Motiven der Stadt gestaltet, aber modern ausgestattet.
Marktplatz 8
Tel. (072 52) 949 80
www.hotel-eulenspiegel.de €

Haus der Erinnerungen an den Lutherfreund Philipp Melanchthon

BRUCHSAL

(E 3) Touristcenter
Am Alten Schloss 2
76646 Bruchsal
Tel. (072 51) 505 94 60
Fax (072 51) 505 94 65
www.bruchsal-erleben.de

SEHENSWERT

Schloss, Musikautomaten-Museum
Einziger Bischofssitz am Oberrhein aus der Barockzeit. Das Schloss wurde im Zweiten Weltkrieg bei Bombenangriffen stark zerstört und in den 60ern und 70ern wiederhergestellt. Das Treppenhaus von Balthasar Neumann gilt als Geniestreich barocker Raumgestaltung. Über drei Stockwerke erstreckt sich das Deutsche Musikautomaten-Museum mit Schaustücken von der einfachen Spieluhr zur komplizierten Karussellorgel und dem selbst spielenden Flügel von Konrad Adenauer.
Tel. (072 51) 74 26 61
Di-So 9.30-17 Uhr, Führungen um 11, 14 und 15.30 Uhr

Kirche St. Peter
Auf den Grundmauern der 1689 niedergebrannten gotischen Kirche ließ Fürstbischof von Schönborn die neue Barockkirche errichten. Baumeister war Balthasar Neumann. Glanzstück: der Hochaltar.
Besichtigung auf Anfrage:
Tel. (072 51) 976 10

Deutsches Kindergartenmuseum
Von Rousseau bis Montessori kann man auf 200 Quadratmetern die Geschichte der Kindergartenpädagogik erleben. Spielsachen, Instrumente und Liederbücher illustrieren die angeblich so guten alten Zeiten.
Hochstraße 6
Tel. (072 51) 932 50
Geöffnet jeden letzten Sa im Monat von 14 bis 17 Uhr oder nach Anmeldung

Badisches Bäckerei- und Deutsches Zuckerbäckermuseum
Seit Ende der 70er beheimatet das ehemalige Gemeindebackhaus aus dem Jahr 1885 das Badische Bäckereimuseum. Große Auswahl an altem Arbeitsgerät. Nebenan ist das Deutsche Zuckerbäckermuseum mit einer Sammlung historischer Backformen, in denen zuweilen der Teig aufgeht.
(F 4) Kraichtal-Gochsheim
Tel. (072 50) 77 43
Apr.-Okt. So 14-17 Uhr

KULTUR

Bruchsaler Schlosskonzerte
Im stimmungsvollen Kammermusiksaal des Schlosses gastieren international renommierte Ensembles.
Programm und Kartenvorverkauf: Kulturring
Tel. (072 51) 880 55

EINKAUFEN

Die Sommelière
Weinhandlungen gibt es viele, aber wenige werden von einer gelernten Sommelière geführt: Iwona Herzog veranstaltet jeden Freitag Weinseminare und im April eine Weinmesse im Bruchsaler Schloss.
Kübelmarkt 26
Tel. (072 51) 30 41 58

RESTAURANTS

Weingut Klumpp
Eigentlich kommt man wegen des Weins aus ökologischem Anbau zum Familienbetrieb der Klumpps. Doch auch das Weinbistro lädt mit ausgefallenen Gerichten und Hausmannskost zum Bleiben ein. Vorher anrufen.
Heidelberger Straße 100
Tel. (072 51) 167 19 €€

Grombacher Stuben
Die mediterrane Küche lockt die Gäste im Sommer in den idyllischen Biergarten. An jedem ersten Freitag im Monat gibt es ein festliches

Festkalender

Bretten

Peter-und-Paul-Fest
Vor 500 Jahren schlugen die Brettener die Schwaben. Grund, diesen Triumph jedes Jahr am Wochenende nach dem 29. Juni zu feiern. Höhepunkt: Zur großen Schlacht – nachgestellt in zwölf Szenen – steigen die Brettener Bürger ins Kettenhemd. (Siehe Seite 90)
Tel. (072 52) 95 76 20

Brettener Weinmarkt
Die geselligste Gelegenheit, die Weinregion Kraichgau in allen Lagen und Trauben kennen zu lernen. Am letzten Septemberwochenende schenken Genossenschaften und Privatwinzer auf dem Marktplatz ihre besten Tropfen aus. Örtliche Wirte sorgen für die geeignete Grundlage.
Tel. (072 52) 95 76 20

Bruchsal

Schlossfest
Alle zwei Jahre im Juli feiert die Stadt ihr Schloss. Dann gibt es Deftiges und Feines im prunkvollen Schlossdistrikt.
Nächster Termin: 9.-11.7.2005

Bruchsaler Barocktage
Händels Feuerwerksmusik direkt vor dem Schloss, Konzerte in den reich verzierten Sälen, das erwartet den Besucher der Bruchsaler Barocktage. Damit man sich ganz in frühere Zeiten zurückversetzt fühlt, treten Orchester und Solisten in historischen Kostümen und mit Puderperücken auf. Jedes Jahr im Juli.
Tel. (072 51) 792 53

Candlelight-Dinner mit Sieben-Gänge-Menü.
Helmsheimer Straße 20
Tel. (072 57) 93 11 12 €€

Restaurant Bergfried
Repräsentatives Restaurant im Zentrum, schöne Terrasse, badische und internationale Küche.
Am Alten Schloss 22
Tel. (072 51) 505 94 40 €€

HOTELS
Hotel Ritter
Die Zimmer sind zwar eher auf Geschäfts- und Tagungsgäste abgestimmt, aber der freundliche Service und die Speisekarte lassen einen hier auch im Urlaub entspannen.
Au in den Buchen 73
Tel. (072 57) 880, Fax 881 11
www.ritterbruchsal.de €

Hotel-Restaurant Zum Weißen Lamm
Nur 15 Zimmer hat das Lamm, aber das macht das Fachwerkhaus umso familiärer. Variantenreiche Küche und ein reichhaltiges Frühstücksbuffet.
Schulstraße 6
Tel. (072 57) 13 66, Fax 51 99
www.weisses-lamm-bruchsal.de €

Hotel Scheffelhöhe
Im modernen, mit schlichter Eleganz gestalteten Hotel muss man sich wohl fühlen. Der Terrassenblick über Bruchsal und der großzügige Wellness-Bereich sind die Highlights.
Adolf-Bieringer-Str. 20
Tel. (072 51) 80 20, Fax 80 21 56
www.scheffelhoehe.de €

STUTENSEE

(D 4) Tourismus-Info
Rathausstraße 1-3
76297 Stutensee-Blankenloch
Tel. (072 44) 969-0
Fax 969-109
www.stutensee.de

SEHENSWERT
(D 3) Hugenotten- und Heimatmuseum
Im alten Schulhaus zeigt das Heimatmuseum die Geschichte des Ortsteils Friedrichstal, der im 17. Jh. von Hugenotten gegründet wurde. Originalgetreu eingerichtete Räume, eine Küche, eine Schlafstube und ein Vorratskeller gewähren Einblicke in das Leben um 1900.
Marktpl. 1, Stutensee-Friedrichstal, Tel. (072 49) 95 21 30
So 11-12.30 Uhr od. n. Vereinb.

(D 4) Heimatmuseum Blankenloch
Das Fachwerkhaus wird mit Bürgerhilfe liebevoll renoviert.
Hauptstr. 90
Stutensee-Blankenloch
Tel. (072 44) 910 12
Wiedereröffnung: 2006

(E 3) Naturpfad Wilhelmsäcker
Besonders im Frühjahr lohnt sich ein Besuch des Naturpfads, weil dann die Kräuter und Wiesenblumen in allen Farben blühen. Als hier 1989 nach 60 Jahren eine seltene Bienenart wieder entdeckt worden war, erklärte man die Brache im Ortsteil Spöck zum Naturschutzgebiet. Auf dem Naturpfad wird Besuchern in sechs interaktiven Stationen die Welt der Insekten, Vögel und Pflanzen nahe gebracht.
Stutensee-Spöck
Infos: Tel. (072 44) 96 90

RESTAURANTS
(D 4) Hermannshäusle
Es ist tatsächlich nur ein Häusle: Gerade mal 20 Sitzplätze gibt es in dem gemütlichen Fachwerkhaus von 1720. Deshalb unbedingt reservieren! Familie Ponert setzt auf Produkte aus biologischem Anbau. Daraus werden exzellente Gerichte wie Wildschweinwürstel mit Linsengemüse oder Seeteufel mit Steinpilzen.
Hauptstr. 97
Stutensee-Blankenloch
Tel. (072 44) 944 39 €€€

(D 3) Nuraghe
Seit mehr als 20 Jahren pflegt Giovanni Cau in Stutensee die sardische Küche. Denn ein einfacher „Pizza- und Nudelitaliener" wollte er schon damals nicht sein. Besonders zu empfehlen sind seine Meeresleckereien wie Wolfsbarsch in Salzkruste oder Crevetten in Pesto-Sauce. Dazu offeriert der Chef eine umfangreiche Weinkarte mit Weinen aus Sardinien, aber auch anderen italienischen Regionen.

Stämmiger Bogen: die alte Holzbrücke in Forbach

Hagenbuchenstraße 14
Stutensee-Friedrichstal
Tel. (072 49) 80 20 €€

RHEINSTETTEN

(C 5) Rheinstetten
Rappenwörthstr. 49
76287 Rheinstetten
Tel. (072 42) 951 41 50
www.rheinstetten.de

Sonnenlehrpfad
Auf 12 Tafeln, die quer durch Rheinstetten führen, erfährt man auf dem ersten Sonnenlehrpfad Deutschlands alles über die Kraft des Gestirns.
Start am Rösselsbrünnle

(C 5) Fermasee
Idyllisch gelegener Baggersee, zum größten Teil Naturschutzgebiet. Von einer Aussichtsplattform aus lassen sich seltene Wasservögel beobachten. Bei Neuburgweiher, nahe der Rheinfähre.

Fähre
Mit dem Schiff über den Rhein nach Neuburg in der Pfalz. Seit 2004 ist das nicht mehr nur für Radfahrer und Spaziergänger möglich, sondern auch für Autos.
Mo-Fr 6-19, Sa 7-19, So 10-18 Uhr. Fahrpreise: Fußgänger 80 Cent, Pkw 3 €

GASTRONOMIE
Restaurant zum Karpfen
Feine Fischgerichte und saisonale Spezialitäten aus der badischen Küche.
Markgrafenstraße 2
Rheinstetten-Neuburgweiher
Tel. (072 42) 18 73 €€

Restaurant Schoko
Internationale Spezialitäten im Familienbetrieb. Im Frühjahr vor allem Spargel.
Hauptstr. 53
76287 Rheinstetten-Forchheim
Tel. (07 21) 51 05 35 €€

Zollhaus
Im Sommer bei Sonnenuntergang ist der Anlegeplatz der Rheinfähre der schönste Ort der Welt. Im Zollhaus mit Rheinblick (Biergarten) kann man gebratenen Fisch genießen.
Am Altrheinhafen 1
Au am Rhein
Tel. (072 42) 93 99 60 €

MURGTAL

(C/D 6/7) Tourismus-Info
Marketing Murgtal
August-Schneider-Straße 20
76571 Gaggenau
Tel. (072 25) 98 21 60
www.murgtal.org

SEHENSWERT

(D 7) Museum Haus Kast
Das modern gestaltete Museum zur Schwarzwälder Waldwirtschaftsgeschichte lässt die alten Handwerksberufe der Köhler, Flößer und Glasbläser aufleben.
Gaggenau-Hörden, Landstr. 43
Tel. (072 24) 65 63 02

(D 6) Michelbach
Gold und Silber hat das Fachwerkstädtchen beim Landeswettbewerb „Unser Dorf soll schöner werden" schon mehrmals gewonnen. Zu Recht. Der historische Ortskern wird von den Michelbachern liebevoll gepflegt. Alle zwei Jahre, am ersten Wochenende im September, feiert Michelbach Dorffest, eines der schönsten der Region.
Tel. (072 25) 98 21 60
Nächster Termin: Sept. 2006

(C/D 7) Altes Rathaus, Gernsbach
Mit seiner prächtigen Spätrenaissance-Fassade kündet es vom früheren Reichtum der Holz- und Flößerstadt. Die Pläne stammen vom Heidelberger Hofarchitekten Johann Schoch. Eigentlich sollte das Gebäude das Wohnhaus der Flößerfamilie Kast werden, die es jedoch nie bezog.

(C/D 7) Kornhaus, Gernsbach
Bereits 1471 wird das Kaufhaus des mittelalterlichen Korn- und Fruchtmarktes erstmals erwähnt. Mehrmals ist es seitdem abgebrannt, zuletzt 1798. Der Wiederaufbau erfolgte nach Plänen des Karlsruher Architekten Friedrich Weinbrenner.

(C/D 7) Katz'scher Garten, Gernsbach
Mediterraner Garten einer Villa aus dem 19. Jahrhundert. Das Anwesen gehörte einer wohlhabenden Murgschifferfamilie. Von hier hat man einen schönen Blick auf die Murg und die Altstadt.
Tel. (072 24) 56 82
Je nach Wetter geöffnet
April bis Okt. tägl. 10-18 Uhr
Eintritt frei

(D 7) Heilig-Kreuz-Kirche, Loffenau
Die schlichte neugotische Kirche birgt ein kunsthistorisches Kleinod: Im Untergeschoss des ehemaligen Chorturms sind spätmittelalterliche Fresken aus den Jahren 1440 bis 1455 freigelegt worden. Die Wand- und Deckengemälde im Turmchor sind die einzigen größeren Fresken im Schwarzwald. Sie zeigen Kirchenväter und Heilige. Ungewöhnlich die Darstellung einer „Hostienmühle" an der Nordwand.
Pfarrgasse 8
Infos: Pfarramt Loffenau
Tel. (070 83) 23 20

(D 8) Holzbrücke, Forbach
Aus welchem anderen Material sollte in einer Flößergegend eine Brücke errichtet werden? Nach aufwändigem Bau des Fundaments war das Wahrzeichen Forbachs 1788 fertig gestellt. Später mehrfach beschädigt, im 2. Weltkrieg zerstört und wieder aufgebaut.

(C/D 7/8) Murgtal-Museum
Im alten Schulhaus hat der Heimatforscher Gotthard Wunsch eine erstaunliche Menge an Alltagsgegenständen zusammengetragen: alte Schulbänke und Werkzeuge, eine Dauerwellenmaschine aus den 50er Jahren, ein Nachtkästchen, das per Handgriff zum Klostuhl wird.
Forbach-Bermersbach
Kirchstr. 15
Tel. (072 28) 24 28
Mai bis Sept. So 14.30-17 Uhr oder nach Anmeldung

NATURDENKMÄLER

(D 8) Giersteine
Auf dem Weg von Forbach nach Bermersbach liegt auf einer Bergkuppe eine Gruppe riesiger Steine. Ob sie in grauer Vorzeit als Kultstätte dienten, ist bis heute nicht ganz geklärt. Ein imposantes Naturdenkmal sind sie allemal. Wunderschöner Blick über das Murgtal.

(D 7) Hochmoor Kaltenbronn
Die Moore und Karseen sind die Schmelzwassersammler der letzten Eiszeit. Das Wasser konnte durch den undurchdringlichen Tonboden nicht abfließen, und so begann vor 10 000 Jahren die Moorbildung. Eine einzigartige Landschaft entstand, das größte naturbelassene Hochmoorgebiet Deutschlands. Seit 65 Jahren ist das Hochmoor Kaltenbronn Naturschutzgebiet – ein faszinierender Lebensraum für viele seltene Tier- und Pflanzenarten. Es gibt neun Rundwege. Der längste rund um das Moor misst 13 Kilometer.
Infos unter Tel. (072 24) 644 44

KULTUR

(C/D 6/7) Kleinkunstbühne „Klag"
Matthias Deutschmann, Mathias Richling und andere Größen der Kleinkunst haben hier schon ihre giftigen Pfeile abgeschossen. Unter Kabarettisten ist die Bühne sehr beliebt. Von Oktober bis Mai gibt es regelmäßig Gastspiele.
Luisenstr. 17, Gaggenau, Tel. (072 25) 96 25 13. Programmansage: Tel. (072 25) 96 23 33

(C/D 6/7) Genussakademie Gaggenau
Rolf Schlett setzt in einer ehemaligen Fabrikhalle für Küchengeräte auf ungewöhnliche Kombinationen für ein experimentierfreudiges Publikum. Auf Tagesseminaren lernt man alles über die japanische Küche

MERIAN | TIPP

Stängelmetropole
Zu Recht wird **Bruchsal** als Spargelhauptstadt Europas bezeichnet. Bei den Versteigerungen im Bruchsaler Spargelgroßmarkt wird der Preis für das Luxusgemüse täglich neu festgesetzt. Kenner schwören auf die Unterirdischen aus der Region.

Das **Tourismus-Büro Karlsruhe** *bietet für Gruppen einen Spargeltag an. Neben einem Menü steht der Besuch beim Spargelbauern und im Großmarkt auf dem Programm.*
Infos: Tel. (0721) 37 20 53 78

Essen + Trinken

Besenwirtschaften
Der Besen, der im Kraichgau aus dem Fenster hängt, weist den Weg zu kleinen Wirtsstuben, in denen die Winzer traditionell ihren Wein und andere eigene Produkte verkaufen.
(G 3/4) Weinstadl Reiner Pfefferle
Sulzfeld, Ochsenburger Str. 17
Tel. (072 69) 61 90
Öffnungszeiten: www.weingut-pfefferle.de
(F 3) Hammerschmiede Ubstadt
Seegrabenstr. 1
Tel. (072 51) 96 15 55
Öffnungszeiten: www. weingut-hammerschmiede.de
(G 3) Weingut Heitlinger
Östringen-Tiefenbach, Am Mühlberg, Tel. (072 59) 911 20
Tägl. ab 10 Uhr geöffnet
(F 3) Petite Willegaß
Östringen-Odenheim
Kirchstr. 20, Tel. (072 59) 10 85
Öffnungszeiten: www.weingut-hirsch.de
(F 3) Guggugsnescht
Kraichtal-Neuenbürg
Prof.-Hubbuch-Straße 21
Tel. (072 59) 16 56
Öffnungszeiten: www.weingut-zorn.de
(G 3/4) Weinstube Brüssel
Sulzfeld, Hauptstraße 140
Tel. (072 69) 584
Öffnungszeiten: www.weingut-bruessel.de

Aktiv I

Tour de Murg
Bequem lässt man sich vom Bähnle hinaufbringen nach Freudenstadt, im Sausewind geht es dann mit dem Fahrrad nach Rastatt, immer in der frischen Schwarzwaldluft, der so viel Gute-Laune-Kraft nachgesagt wird. „Tour de Murg" nennt sich eine der schönsten Radtouren der Region Mittelbaden, über 500 Höhenmeter und 60 Kilometer Strecke durch dunkelgrüne Wälder und sonnenhelle Wiesentäler, ideal für Familien. Wer es aber sportlich wissen will, der fährt in der Gegenrichtung. Start in Rastatt – und hinauf geht's.
Infos: www.murgtalbahn.de oder bei den Touristikbüros der Orte an der Strecke

Aktiv II

Wandertage
Diverse Wanderrouten führen durch das Murgtal, dem die Marketingexperten immer das Wort „wildromantisch" voranstellen. Ob von der Murgquelle bis nach Gernsbach, auf den Pfaden der Holzfäller oder doch lieber auf dem der Ziegen, das Murgtal lässt sich fernab von befahrenen Straßen zu Fuß hervorragend erobern. Dabei geht es über Wildbäche und vorbei an den für die Landschaft so typischen Heuhütten. Wer mehrtägige Touren plant, kann sich das Gepäck jeweils zur nächsten Schlafstation bringen lassen.
Karten und Informationen bei den örtlichen Tourismusbüros oder bei der Murgtal-Infostelle: Tel. (072 25) 98 21 60
Eine 5-tägige Tour kostet etwa 175 € inkl. Übernachtung

und lauscht dabei den „Jazz-Cooks" bei der Jamsession.
Eisenwerkstraße 11, Gaggenau
Tel. (072 25) 916 90
www.die-genuss-akademie.de

EINKAUFEN

(C/D 7) Iselin
Rainer Iselin hat sich eine repräsentative Residenz für sein Weingut ausgesucht: das Alte Rathaus. Für seine vorzüglichen Bioweine von den Sonnenhängen um Gernsbach ist das angemessen.
Weingut Iselin, Altes Rathaus
Hauptstraße 11, Gernsbach
Tel. (072 24) 16 66

RESTAURANTS

(C 6) Raub's Restaurant
Sterneküche am Einstieg ins Murgtal. Das Restaurant ist eine der besten Adressen in der Region. Das Erlebnis, im Jugendstilambiente des Speisezimmers oder im schattigen Garten bei Oktopus-Carpaccio oder marinierter Lammzunge zu schwelgen – unvergesslich. Unbedingt reservieren!
Hauptstr. 41, Kuppenheim-Oberndorf, Tel. (072 25) 756 23
So und Mo geschl. €€€

(C/D 6/7) Alte Schul'
Allerlei Tand – außer dem „e" am Ende fehlt es der „Alten Schul'" an nichts. Im Szenerestaurant in Gaggenaus Zentrum gibt es Sauerbraten wie bei Großmutter. Hier trifft man sich bei großen Portionen zu zivilen Preisen.
Konrad-Adenauer-Str. 3
Gaggenau
Tel. (072 25) 776 00 €

(D 7) Gasthaus zur Krone
Im Traditionshaus, seit 80 Jahren im Familienbesitz, serviert man badische Spezialitäten der gehobenen Art. Zu empfehlen sind Wildgerichte wie das in Balsamico-Essig eingelegte Wildschweinragout und die handgeschabten Spätzle.
Jakob-Bleyer-Straße 21
Weisenbach
Tel. (072 24) 31 40 €€

(C/D 6/7) Gasthof Ochsen
Familie Roth bietet auf ihrer Vesperkarte regionale Spezialitäten an. Wer es deftig mag, ist hier richtig.

Schwarzwald-Riviera: Sonnenbaden an der Murg

Murgtalstraße 22, Gaggenau
Tel. (072 25) 969 90 €€

(C 7) Rote Lache
Das geeignete Ziel für eine Wanderung. Die Rote Lache liegt auf 700 Metern und bietet von der Terrasse einen spektakulären Blick ins Tal. Ob Kuchen oder badische Spezialitäten, es schmeckt ganz hervorragend. Wenn der Rückweg zu weit ist, gibt es für Übernachtungen auch ein paar Zimmer.
Zwischen Baden-Baden und Forbach, Tel. (072 28) 919 90 €€

TERMINE

(C/D 7) Gernsbacher Puppentheater-Tage
Großes Theater auf kleinen Bühnen. Jedes Jahr – zwei Wochen vor Ostern – trifft sich in Gernsbach die Puppentheater-Szene und demonstriert, dass Marionettenspiel nicht nur etwas für Kinder ist. Außerdem gibt es Workshops und Ausstellungen.
Tel. (072 24) 644 44
www.gernsbach.de

(D 7) Hördener Fastnacht
Verglichen mit manchen Zünften der schwäbisch-alemannischen Fastnacht ist die Tradition in Gaggenaus Stadtteil Hörden noch jung. Mit „Schiebeschlage" und „Schnurren" knüpfen die Hördener Narren jedoch an alte Bräuche an. Ihre Fastnachtsfigur ist der „Fürige Barthel".
www.schmalzloch.de

HOTELS

(C/D 7) Sternen Staufenberg
Familienbetrieb mit 100-jähriger Tradition etwas außerhalb von Gernsbach. Gute Küche und eine herrliche Sonnenterrasse laden auch zum Essen ein.
Staufenbergerstr. 111
Gernsbach, Tel. (072 24) 33 08
www.sternen-staufenberg.de €

(D 8) Hotel-Pension am Mühlbach
Die 22 Zimmer des modernen Familienbetriebs bestechen durch schlichte Eleganz. Der ideale Ausgangspunkt für Wanderungen und Spaziergänge rund um Forbach.
Mühlbachweg 4, Forbach
Tel. (072 28) 969 70, www.hotel-am-muehlbach.com €

ABENTEUER

Kanu fahren, im Flussbett wandern, Gleitschirm fliegen
Das geschwungene Flussbett der Murg bietet mehr als nur einen schönen Anblick. Je nach Wasserstand lädt es zu Flussbett-Wanderungen oder zum Kanufahren ein. Fünftägige Kanukurse können bei der Murgtal-Arena gebucht werden. Wer lieber in die Luft gehen möchte, ist hier ebenfalls an der richtigen Adresse. Die Grünen Gipfel rund um das Murgtal sind ein Dorado für Gleitschirm- und Drachenflieger.

Adventure World Murgtal-Arena
Tel. (072 28) 96 91 70
www.murgtal-arena.de
Drachenflug-Club Loffenau
Tel. (070 83) 47 28

(D 6) **Reitkurse auf dem Mönchhof**
Seit 20 Jahren gibt es dieses Gestüt für Islandponys in der Nähe von Gaggenau. Hier kann man den professionellen Wochenreitkurs, Tagesreitausflüge oder Jugendreitwochen buchen.
Gaggenau-Moosbronn
Tel. (072 04) 12 94
www.gestuet-moenchhof.de

ETTLINGEN

(D 5) Stadtinformation
Schillerstraße 7-9
76275 Ettlingen
Tel. (072 43) 10 12 21
Fax (072 43) 10 14 30
www.ettlingen.de

SEHENSWERT

Schloss
Wie in Rastatt erwies sich die Markgräfin Sybilla Augusta auch in Ettlingen als großzügige Bauherrin. Sie beauftragte ihren Hofbaumeister Michael Ludwig Rohrer mit dem barocken Umbau der dreigeschossigen Schlossanlage. Im Gebäude und einem Seitenflügel sind das Städtische Museum, das Albgaumuseum für Archäologie sowie eine Ostasiensammlung untergebracht. Außerdem beheimatet es die Städtische Galerie. Ein Kleinod der Anlage ist der Asamsaal in der ehemaligen Schlosskapelle. Das Deckenfresko von Cosmas Damian Asam zeigt die Verehrung des heiligen Nepomuk durch die Markgrafenfamilie.
Tel. (072 43) 10 12 73
Mi-So 10-17 Uhr

Pfarrkirche St. Martin
Sie ist ein gelungenes Beispiel dafür, dass sich verschiedene Stilepochen durchaus miteinander verbinden lassen. Der barocke Bau hat einen spätgotischen Chor. Die eigentliche Überraschung aber ist das Deckengemälde, das 1988 vom Karlsruher Künstler Emil Wachter gestaltet wurde. In dem umstrittenen Fresko lassen sich allerlei moderne Szenen entdecken, die fast wie Karikaturen wirken.
Kirchenplatz 11

KULTUR

Schubertiade
Jedes Jahr finden im Asamsaal des Ettlinger Schlosses drei Konzerte statt, die in der Tradition von Schuberts Salonkonzerten stehen. Zu Liedern und Kammermusik von Brahms, Schumann und natürlich Schubert lesen Schauspieler häufig Texte von zeitgenössischen Schriftstellern.
Tel. (072 43) 10 11 21
www.schubertiade.net

Dampfzug-Fahrten
Mehrmals im Jahr veranstalten die Ettlinger Eisenbahnfreunde historische Zugfahrten mit einer echten Dampflok nach Bad Herrenalb.
Tel. (07 21) 88 33 61
www.uef-dampf.de

EINKAUFEN

Goldschmied Siegwarth
Gegenüber vom Rathaus liegt dieser kleine Schmuckladen. Peter Siegwarth fertigt schlichte Unikate aus seinem Lieblingsmaterial: Platin.
Marktplatz 1
Tel. (072 43) 131 62

RESTAURANTS

Hartmaier's
Die Villa Watthalden, in der sich das „Hartmaier's" befindet, wurde 1816 von einem Schüler Weinbrenners erbaut. Heute kann man in den prächtigen Räumen mediterrane Gerichte genießen. Spezialität: Lammrücken mit Olivenkruste.
Pforzheimer Straße 67
Tel. (072 43) 76 17 20 €€

Markgrafen-Keller
Gutbürgerliche Küche in einem rustikalen Gewölbekeller. Auf der Karte badisch-französische Spezialitäten je nach Saison.
Kirchenplatz 4
Tel. (072 43) 773 65 €€

Bambus-Garten
Ein Restaurant, zwei Köche. Im „Bambus-Garten" gibt es einen Koch für die chinesischen und einen für die thailändischen Gerichte. Das Ergebnis überzeugt und wurde von der Zeitschrift „Der Feinschmecker" gelobt.
Kronenstr. 16
Tel. (072 43) 71 91 10 €

Gugelhupf
Nachmittags Kaffeehaus, abends saisonale Bistroküche mit regionalen Spezialitäten. Das „Gugelhupf" bietet Gerichte für jeden Gaumen und Geldbeutel. Im Sommer kann man auf der Brücke über der Alb sitzen und genießen.
Kronenstraße 1
Tel. (072 43) 386 84 €€

BISTROS

Watt's
An der Bar gibt es sehr gute Cocktails. Und im Sommer ist allein der lauschige Innenhof einen Besuch wert.
Pforzheimer Straße 67
Tel. (072 43) 714 20 00 €€

MERIAN | TIPP

Die Herren der Sperre
Hubert Reif ist Wärter der Schwarzenbach-Talsperre, Herr über 14,4 Millionen Kubikmeter Wasser, die von einer 400 Meter langen und 65 Meter hohen Staumauer gehalten werden. Der Schwarzwälder hatte Biologie studiert und wollte Lehrer werden. Jetzt ist er Talsperrenwärter in dritter Generation. Großvater Fritz hat an der Staumauer mitgebaut und wurde dann Chef über Wasser und Wand. Ihm folgte Huberts Vater. Heute gehört viel Erfahrung in Messtechnik dazu. Aber was, wenn der künstliche See einmal komplett entleert wird? „Dann kann ich ja Vater fragen", sagt Hubert Reif.

Termine

Schlossfestspiele
Seit fast 30 Jahren sind die Ettlinger Schlossfestspiele ein fester Bestandteil im Sommerkalender der Region.
Tel. (07243) 10 12 21

Internationaler Wettbewerb für Pianisten
Alle zwei Jahre im August kommt die junge Weltelite der Pianisten nach Ettlingen. Im Jahr 2006 zum zehnten Mal.
Tel. (07243) 10 14 48

Watthaldenfestival
Klassik, Jazz, Folk, Liedermacher und Gaukler. Das Fest der „leisen Töne für die ganze Familie". An einem Wochenende im Juni, Beginn morgens um 11 Uhr, Eintritt frei.
Tel. (07243) 10 14 05

Lauerturmhof
Geheimtipp in Ettlingen. Im romantischen Hinterhof der Schnapsbrennerei hinter dem Lauerturm gibt es nicht nur Schnäpse, sondern auch deftige Vesper.
Lauergasse 23-25
Tel. (072 43) 44 45 €

CAFE

Café Pierod
Hier gibt es das leckerste Eis in ganz Ettlingen.
Kirchenplatz 5-7
Tel. (072 43) 127 42

HOTELS

Erbprinz
Das Traditionshaus in Ettlingen. Hier nächtigten Theodor Heuss, Gina Lollobrigida und Maria Callas. Das Haus und das hervorragende Gourmetrestaurant führt die Familie Zepf.
Rheinstr. 1, Tel. (072 43) 32 20
www.erbprinz.de €€

Hotel Watthalden
Das moderne Hotel am Rande der Innenstadt ist sowohl auf Familien als auch auf Geschäftsreisende ausgerichtet. Die Zimmer bestechen durch schlichte Eleganz, wie man sie von guten Häusern in der Großstadt kennt. ISDN und Wireless Lan sind in den Zimmern vorhanden.
Pforzheimerstraße 67a
Tel. (072 43) 714 30 00
www.watthalden.de €

RASTATT

(C 6) Stadtinformation
Im Schloss
Herrenstraße 18
76437 Rastatt
Tel. (072 22) 97 24 62
Fax (072 22) 97 21 18
www.rastatt.de

SEHENSWERT

Schloss
Das einzige Barockschloss am mittleren Oberrhein, das den 2. Weltkrieg unbeschadet überstanden hat. Markgraf Ludwig Wilhelm („Türkenlouis") hatte es um 1700 nach dem Vorbild von Versailles erbaut. Beeindruckend: der Ahnensaal.
Herrenstraße 18
Tel. (072 22) 97 83 85
Di-So 10-16 Uhr (Nov.-März bis 15 Uhr), Führungen stündl.

Wehrgeschichtliches Museum
Mit seiner Grenzlage zu Frankreich war Rastatt immer ein historischer Brennpunkt. Im Schloss wird diese Geschichte im Militärmuseum beleuchtet. Uniformen und Waffen vom Mittelalter bis zum 1. Weltkrieg sind hier ausgestellt. Highlight: ein Gipsabdruck der Totenmaske von Napoleon.
Herrenstraße 18
Tel. (072 22) 342 44
www.wgm-rastatt.de
Di-So (Winter: Fr-So) 9.30-17 Uhr

Erinnerungsstätte für die Freiheitsbewegungen in der deutschen Geschichte
Auf Initiative des damaligen Bundespräsidenten Gustav W. Heinemann wurde 1974 diese Erinnerungsstätte im Schloss eingerichtet. Die neu konzi-

pierte Ausstellung zeichnet eine Linie von den Freiheitsbewegungen der bürgerlichen Revolution 1848/49 bis zu den Widerstandskämpfern im Dritten Reich. Auch für Jugendliche sehr ansprechend.
Herrenstraße 18
Tel. (072 22) 77 13 90
Di-So 9.30-17 Uhr, Eintritt frei

Schloss Favorite
Idyllisch liegt das Lieblingsschloss der Markgräfin Sibylla Augusta zwischen einem Wäldchen und den Gartenanlagen, die im englischen Stil gehalten sind. Die Fassade des Barockschlosses ist im Baustil ihrer böhmischen Heimat mit Kieselsteinen verziert. Im Innern findet sich eine außergewöhnliche Sammlung von Porzellan, Glas und Fayencen aus dem Besitz des Hauses Baden. Im Sommer lädt der Park zu Spaziergängen oder einem Picknick ein.
Tel. (072 22) 412 07
Führungen stündl. von Di bis So März-Sept.: 10-17 Uhr, Okt./Nov.: 10-16 Uhr
In prächtigen historischen Kostümen und mit gepuderten Perücken lassen Musiker des SWR-Sinfonieorchesters im Schloss Favorite barocke Kammermusik erklingen.
Karten-Tel. (072 22) 329 20
www.festliche-serenaden.de

Stadtmuseum
Vier Jahre war es geschlossen, im Mai 2004 wurde es wieder eröffnet. In dem Kavaliershaus gegenüber vom Schloss

Barocke Pracht nach Sonnenkönigsart: das Schloss in Rastatt

wird die bewegte Stadtgeschichte der Garnisons- und Residenzstadt mit modernen Mitteln nachgezeichnet.
Herrenstr. 11
Tel. (072 22) 97 24 40
Fr, Sa, an Sonn- und Feiertagen im Sommer von 10 bis 17 Uhr

Städtische Galerie in der Fruchthalle

Hier wird Kunst aus der Zeit nach 1945 gezeigt. Darunter Werke namhafter Künstler wie Otto Dix, HAP Grieshaber und Horst Antes. Wechselnde Ausstellungen.
Kaiserstr. 48
Tel. (072 22) 97 24 43
Fr-So u. Feiertage 10-17 Uhr

KULTUR

Schnick-Schnack

Gemütliche Musik- und Kulturkneipe, in der auch mal Musiker wie die „Banana Fishbones" oder der frühere Gitarrist von Supertramp auftreten. Kabarett und Literatur. Die Hausband spielt jeden zweiten Mittwoch im Monat.
Murgtalstr. 62
Stadtteil Niederbühl
Tel. (072 22) 82 02 10
Do ab 17 Uhr, Fr ab 14 Uhr, Sa/So ab 10 Uhr

DaimlerChrysler Kundencenter

Ob Diskussionsveranstaltungen, Auftritte von SWR-Comedy-Größen, Kindertheater oder Whiskey-Seminare.
Tel. (072 22) 912 33 88
www.mercedes-benz.com/kundencenter-rastatt

RESTAURANTS

Sigi's Restaurant

Das beste am Platz. Küchenchef Mark-Oliver Elbel bestich mit einer exzellenten badisch-französischen Küche. Eine Spezialität des Hauses: in Speck gebratener Atlantik-Steinbutt mit kandiertem Chicorée. Abends sollte man reservieren.
Rappenstraße 1
Tel. (072 22) 76 80 €€€

Braustüb'l

Im rustikalen Brauerei-Ambiente lassen sich prima regionale und saisonale Spezialitäten genießen. Zivile Preise, leckeres Bier, badische Weine.
Poststr. 12
Tel. (072 22) 78 81 80 €€

Riva

Café, Bar oder Restaurant, was ist das Riva denn nun eigentlich? Egal, denn in der modernen Kneipe gegenüber vom Schloss trifft sich Rastatt. Am Wochenende lässt es sich hier auch gut frühstücken.
Museumsstraße 5
Tel. (072 22) 93 83 80 €

CAFE

Schlosscafé Favorite

Die besten Kuchen der Region gibt es bei Heimo Kienle. Eine herrliche Sachertorte oder eine zarte Zwetschgen-Mousse-Torte versüßen die Rast nach der Besichtigung des Schlösschens Favorite. Auch selbst gemachte Maultaschen stehen auf der Mittagskarte. Großartige Konfektttheke.
Am Schloss Favorite 8
Tel. (072 22) 94 92 53
Di-So 10-19 Uhr (im Winter bis 18 Uhr) €

MERIAN | TIPP

Füllhorn für den Türkenlouis

Im Jahr 2005 feiert Rastatt den 350. Geburtstag von Markgraf Ludwig Wilhelm – und wie. Zu Ehren des Türkenlouis ist das ganze Jahr über was los. Die Veranstaltungen (Geschichts-Forum, Sonderführungen, Ausstellungen) tragen verlockende Titel: „Triumph und Tragik des Türkenlouis", „Umstrittener Oberrhein", „Von denen Türken und denen Chinesern" oder „Auf Apollos Sonnenwagen durch das Rastatter Schloss". Es gibt Musik auf allen Instrumenten, Anfang Juli ein „Barockes Fest zu Ehren des Baumeisters der Barockresidenz Domenico Egidio Rossi". Dann steht das „Schloss in Flammen", ohne zu brennen. Zur prächtigen Illumination wird ebenso prächtig musiziert. Im November führen Schüler des Ludwig-Wilhelm-Gymnasiums zwei barocke Schauspiele des Rastatter Piaristenpaters Camillus Hatzinger auf: „Artaxerxes Mnemon" und „Childericus" präsentieren barocken Sprachschwulst in Höchstform.
Infos: Stadtinformation, Herrenstraße 18 (Schloss) 76437 Rastatt
Tel. (072 22) 97 24 62
Servicecenter Schloss Rastatt
Tel. (072 22) 93 41 70
oder (072 51) 74 27 24

MERIAN | ÜBERRASCHUNG

Schaubühne Rastatt

Das Straßentheaterfestival tête-à-tête

Alle zwei Jahre verwandelt sich die Barockstadt Rastatt in die Kulisse für Deutschlands größtes Straßentheater-festival tête-à-tête – ein populäres Festival, das Menschen aus allen Schichten und jeden Alters auf unkomplizierte und direkte Weise für die darstellende Kunst begeistert. Das beliebteste und erfolgreichste Kulturereignis in der Region ist den Bürgern von Rastatt ans Herz gewachsen und wird von vielen Bewohnern der Region zwischen Vogesen und Schwarzwald untrennbar mit dem Namen der Stadt verbunden.

Theater-Performance auf Stelzen vor der Stadtkirche St. Alexander

Vor über 200 Jahren war Rastatt schon einmal Schauplatz eines bunten kulturellen Treibens. Anlässlich des Rastatter Friedenskongresses von 1797 bis 1799 war hier an der Murg, wie Geheimrat Meier vermerkte, „des Umtreibens viel“: Theater- und Ballettgruppen gastierten, unter die Zuschauer mischten sich Agenten, Revolutionäre und französische Emigranten. Heute begegnen sich in Rastatt Menschen von diesseits und jenseits des Rheins schon lange nicht mehr als erbitterte Feinde wie in der Vergangenheit, sondern als gute Freunde.

tête-à-tête hatte 1993 als deutsch-französisches Theaterfestival begonnen. Zwischenzeitlich hat es sich zum Publikumsmagneten für Kulturbegeisterte aus ganz Deutschland entwickelt. Weit über 150 000 Besucher kamen 2004 in die Barockstadt, schwärmten von der einzigartigen Atmosphäre und tauchten ein in die faszinierende Welt des Straßentheaters. Von kleinen Walkacts bis zu imposanten Platzinszenierungen, von skurrilen Bühnenprogrammen bis zum szenischen Spiel mit dem Feuer, vom mobilen Musiktheater bis zur schrägen Comedy – in Rastatt ist alles zu sehen, was zeitgenössisches Openair-Theater zu bieten hat.

tête-à-tête findet 2006 vom 23. bis 28. Mai statt.
Infos: www.tete-a-tete.de

HOTEL

Hotel Schwert

Viersternehotel und erstes Haus am Platz im Stadtzentrum. Moderne Zimmer ab 110 Euro.
Herrenstraße 3a
Tel. (072 22) 76 80 €€

BADEN-BADEN

(C 7) Tourist-Info
Schwarzwaldstr. 52
76530 Baden-Baden
Tel. (072 21) 27 52 00
Fax (072 21) 27 52 02
www.baden-baden.de

SEHENSWERT

Casino

Wer die Spielbank betritt, fühlt sich in eine andere Welt versetzt: Schwere Teppiche, goldene Statuen, kleine Brunnen und prächtige Deckengemälde zieren die Säle, einer der schönsten Glücksspieltempel der Welt.
Kurhaus, Kaiserallee 1
Tel. (072 21) 302 40
www.casino-baden-baden.de
Spielbetrieb täglich 14 bis 5 Uhr
Führungen vormittags

Staatliche Kunsthalle

Das Museum, über eine Glasbrücke mit der Sammlung Frieder Burda verbunden, verfügt über keine eigene Sammlung, sondern präsentiert in wechselnden Ausstellungen Leihgaben aus aller Welt. Ergänzend werden Konzerte, Vorträge und Lesungen veranstaltet.
Lichtentaler Allee 8 a
Tel. (072 21) 183 60
Di-So 11-18 (Mi bis 20) Uhr

Ruine Hohenbaden („Altes Schloss")

Die imposante Burgruine hoch über den Dächern der Stadt war vom 12. bis 15. Jh. Residenz der Markgrafen von Baden. Von dort hat man einen herrlichen Blick in die Rheinebene. Etwas mehr als eine Stunde dauert der Aufstieg aus der Baden-Badener Innenstadt. Auf dem Weg kommt man am Neuen Schloss vorbei. Es kann nicht besichtigt werden, aber der Blick von der Aussichtsplattform lohnt den kleinen Abstecher.
Anfahrt über den Alten Schlossweg, Buslinie 215
So 13.15 und 16.15 Uhr ab Augustaplatz

Brahmshaus

Die Dachgeschoss-Wohnung, in der Johannes Brahms zwischen 1865 und 1874 die Sommermonate verbrachte, ist wieder originalgetreu eingerichtet.
Maximilianstr. 85
(Stadtteil Lichtental)
Tel. (072 21) 711 72
Mo, Mi, Fr 15-17 Uhr,
So 10-13 Uhr, Eintritt 2 €

Stourdza-Kapelle

Spätklassizistische Kapelle, die der rumänische Fürst Michael Stourdza nach dem Tod seines 17-jährigen Sohnes errichten ließ. Die Fürstenfamilie hatte nach der Vertreibung aus ihrer Heimat im Jahre 1849 in Paris gelebt und die Sommer in Baden-Baden verbracht. Im Altarraum die Familiengruft der Stourdzas.
Stourdzastraße 1, Anfahrt mit Bus 208 ab Augustaplatz
Tel. (072 21) 285 74
Besichtigung nach Anmeldung

Merkur-Bergbahn

Eine der längsten Standseilbahnen Deutschlands bringt die Besucher in nur fünf Minuten auf den Gipfel des 668 Meter hohen Baden-Badener Hausbergs Merkur. Dabei überwindet die Bahn 370 Höhenmeter und Steigungen bis 54 Prozent. Vom 23 Meter hohen Aussichtsturm hat man einen herrlichen Blick bis Straßburg.

NATUR

Panoramaweg

Der 40 Kilometer lange Panoramaweg zählt zu den schönsten Wanderwegen Deutschlands. Er führt von der Talstation der Merkur-Bergbahn bis ins Geroldsauer Tal. Der Weg ist in fünf Etappen unterteilt, die jeweils zwischen fünf und elf Kilometer lang sind.
Anfahrt zur Talstation der Merkur-Bergbahn mit den Buslinien 204 und 205.
Großer Parkplatz

Battertfelsen

Nördlich von Baden-Baden gelegenes Gebiet mit bis zu 55

Meter hohen Felsmassiven. Mit mehr als 300 Routen in allen Schwierigkeitsgraden sind die Battertfelsen für Sportkletterer eine Herausforderung.
Anfahrt mit Bus 214 nach Ebersteinburg, Haltestelle „Kapelle“

Geroldsauer Wasserfälle
Beliebtes Ausflugsziel im Baden-Badener Stadtteil Geroldsau. Entlang des Grobbachs erreicht man vom Geroldsauer Waldparkplatz nach einem etwa halbstündigen Spaziergang die Wasserfälle. Einkehr in der Gaststätte „Bütthof“.
Tel. (072 21) 737 47
Mo Ruhetag

Rosenneuheitengarten
Für seine Rosen ist Baden-Baden bei Botanikern international bekannt. Der Rosenneuheitengarten auf dem Beutig zählt zu den schönsten Europas.
Moltkestr., Tel. (072 21) 93 12 00
Von Frühlingsbeginn bis Mitte Okt. tägl. bis Sonnenuntergang geöffnet

KULTUR
Festspielhaus
Deutschlands größtes privat geführtes Opernhaus, in dem sich Weltklasse-Künstler die Klinke in die Hand geben: von Anne-Sophie Mutter bis Simon Rattle, von John Neumeier bis Marcel Marceau, von Ute Lemper bis Montserrat Caballé.
Beim Alten Bahnhof 2, Tickets unter (072 21) 301 31 01
www.festspielhaus.de
Kassenöffnungszeiten: Mo-Fr 10-18 Uhr, Sa/So und Feiertage 10-14 Uhr

EINKAUFEN
Oliver Maugé Couture
Weit über die Grenzen Baden-Badens hinaus schwärmen die Damen von diesem Hutdesigner. Sein Atelier kreiert den Kopfputz für jene, die bei der Rennwoche in Iffezheim mit ihrem Outfit die Blicke auf sich ziehen möchten.
Lange Str. 27, Tel. (072 21) 294 02 oder 242 16

Maßschuhe Himer
In seiner Werkstatt fertigt Axel Himer edle Herren- und Damenschuhe nach Maß.
Lichtentaler Alle 76
Tel. (072 21) 711 84
www.himer-gmbh.de

Kurhaus-Kolonnaden
Wer durch die Kurhaus-Kolonnaden mit ihren feinen Boutiquen schlendert, kann heute noch das Flair längst vergangener Zeiten spüren. Die Schaufenster sind mit edlen Waren geschmückt: Handtaschen, silberne Armreifen und goldene Uhren, Designermode, Antiquitäten, erlesenes Konfekt.

RESTAURANTS
Molkenkur
Hier war bereits Kaiserin Sisi zu Gast. Heute trifft man in der Molkenkur häufig Moderatoren des benachbarten Südwestrundfunks. Gute badische Küche zu vernünftigen Preisen. Wunderschöner Biergarten.
Quettigstr. 19
Tel. (072 21) 332 57
Küche Mi-Mo 11.30-14.30 und 17-22 Uhr €€

Medici
Beliebter Treffpunkt der Baden-Badener Medienmacher. Bill Clinton und Kofi Annan haben hier schon gespeist. Im „Medici“ gibt es etwas für jeden Geschmack: ein edles Restaurant, eine Sushi-Bar und einen Rauchsalon mit über hundert Zigarrensorten. Außerdem eine Internet-Lounge, einen Wintergarten und eine Sommerterrasse mit Blick auf den Park.
Augustapl. 8, Tel. (072 21) 20 06
Di-So bis 1 Uhr, Fr/Sa bis 2 Uhr €€€

La Gondola
In einer Seitenstraße verstecktes, familiäres Restaurant. Über die Einrichtung lässt sich streiten, nicht aber über die Qualität des Essens: Im „La Gondola“ wird sehr gute italienische Hausmannskost serviert. Besonders empfehlenswert: die Pasta-Gerichte von der Tageskarte. Reservierung empfohlen – schützt aber nicht vor Wartezeiten.
Du-Russel-Straße 2
Tel. (072 21) 224 07
Do-Di 12-14, 18-23.30 Uhr €

La Provence
In-Restaurant hoch über den Dächern der Stadt. Im Kreuzkellergewölbe der alten Wein-Cantzley kommt vorwiegend provenzalische Küche auf den Tisch. Wer nur eine Kleinigkeit essen möchte, bekommt an der Bar Tapas und Wein serviert.
Schlossstraße 20
Tel. (072 21) 25 55 02
durchgehend 12-23 Uhr €€

Glänzend im Geschäft: Festspielhaus in Baden-Baden

Kultur
Stadtführungen
In Baden-Baden umfassen die Rundgänge die unterschiedlichsten Themen. Sie führen zu den Erinnerungsstätten berühmter Musiker und Schriftsteller, die früher in der Kurstadt lebten, befassen sich aber auch mit der russischen Geschichte der Stadt. Hobby-Botaniker können mit einem Gärtner den Kurpark erkunden oder mit einem Förster in den Wald gehen. Für historisch Interessierte wird eine spezielle Führung über die 2000-jährige Geschichte Baden-Badens angeboten.
Infos: Kur- und Tourismus GmbH Baden-Baden
Tel. (072 21) 27 52 41

MERIAN | WELLNESS

Nasse Wonnen

Seit 2000 Jahren baden in Baden

Wo Planschen Kult ist: die Caracalla-Therme

In der Stadt an der Oos hat das luxuriöse Baden eine Jahrtausende alte Tradition. Schon um das Jahr 80 n. Chr. bauten die Römer hier eine Badanlage für ihre Soldaten. Heute können Besucher die Badruinen beim Gang über frei schwebende Brücken besichtigen. Computeranimationen zeigen, wie es dort früher einmal ausgesehen hat. Tonbandführung inklusive.
Römerstraße in der Tiefgarage des Friedrichsbads
Tel. (072 21) 27 59 34
im Sommer 14-17, im Winter 11-13 und 14-17 Uhr, Eintritt: Erw. 2 €, Kinder 1 €

Caracalla-Therme

Modernes Thermalbad in einem beeindruckenden Kuppelbau. In mehreren unterschiedlich temperierten Innen- und Außenbecken können sich die Badegäste vom Alltags-Stress und den gesalzenen Eintrittspreisen erholen. Außerdem gibt es in der Therme zwei Whirlpools, ein Aroma-Dampfbad, einen Sole-Inhalations-Raum, eine Felsengrotte und eine wunderschöne Saunalandschaft im römischen Stil. Tolles Badeerlebnis.
Römerplatz 1, Tel. (072 21) 27 59 40
täglich 8-22 Uhr, letzter Einlass um 20 Uhr. 24./25. 12. und Karfreitag geschlossen, 2 Std. 12 €, 4 Std 16 €

Friedrichsbad

Das Friedrichsbad zählt unbestreitbar zu den schönsten Bädern der Welt. Der prunkvolle Bau entstand zwischen 1869 und 1877 im Auftrag von Großherzog Friedrich I. Noch heute ist es ein Pilgerort für Kurgäste und Wellness-Fans, die im Römisch-Irischen Bad für ein paar Stunden entspannen und träumen möchten. Gebadet wird ausschließlich nackt.
Römerplatz 1, Tel. (072 21) 27 59 20
Mo-Sa 9-22 Uhr, Fr 12-20 Uhr, letzter Einlass 2 Std. vorher. 24./25. 12. und Karfreitag geschlossen. Mo und Do baden Männer und Frauen getrennt. Eintrittspreis ab 21 €

Zum Alde Gott

Gourmet-Tempel mit familiärem Ambiente. Seit einem Vierteljahrhundert wird der „Alde Gott" Jahr für Jahr mit einem Michelinstern ausgezeichnet und zählt zu den 100 besten Restaurants in Deutschland. Küchenchef Wilfried Serr serviert regionale Spezialitäten. Reservierung empfehlenswert. Das Restaurant liegt im Rebland, etwa zehn Autominuten von der Baden-Badener Innenstadt entfernt.
Weinstr. 10, Baden-Baden/ Neuweier, Tel. (072 23) 55 13
tägl. 12-15 Uhr, 18.30-24 Uhr Do Ruhetag €€€

Le Jardin de France

Französisches Feinschmecker-Restaurant in der Innenstadt. Als Küchenchef Stephan Bernhard 1999 im Alter von 27 Jahren seinen ersten Michelinstern bekam, war er der jüngste Chef-Patron mit Stern der Republik. Im Innenhof eines ehrwürdigen Gründerzeit-Hauses verwöhnt er die Gäste.
Lichtentalerstr. 13
Tel. (072 21) 300 78 60
täglich 12-14 Uhr und 19-21.30 Uhr Ruhetag: Mo, Di Mittag €€€

Badener Weinkeller

Der Name ist Programm: In diesem familiären Weinkeller werden badische Spezialitäten und regionale Weine serviert. Seit Jahren eines der beliebtesten Restaurants in Baden-Baden. Reservierung empfohlen.
Maria-Victoria-Straße 2
Tel. (072 21) 27 11 88
Di-Sa 17-24 Uhr und nach Vereinbarung €€€

Monte Christo

Bar mit spanischem Ambiente. Neben Tapas werden täglich ein spanisches Menü und wechselnde Pasta-Gerichte angeboten. Bei gutem Wetter sollte man einen Tisch im schön gestalteten Innenhof reservieren. Jeden Sonntag gibt es frisch zubereitete Paella – Anmeldung erforderlich!
Eichstraße 5
Tel. (072 21) 39 34 34
tägl. von 17 bis 1 Uhr €

Hotel Weinberg Umweg

Das Umweg lohnt: Etwa eine Viertelstunde von der Baden-Badener Innenstadt, inmitten von Weinbergen, liegt dieses urige Gasthaus. Im Sommer kann man auf der Terrasse unter uralten Bäumen badische Küche genießen.
Umweger Str. 68, Tel. (072 23) 969 70 *Do-Mo 11.30-24 Uhr, Di Ruhetag, Mi ab 16 Uhr* €€

HOTELS

Brenner's Park-Hotel

Das erste Haus am Platze zählt zu den besten Hotels der Welt. Es liegt in einem Privatpark, direkt an der Lichtentaler Allee. Berühmt ist das Fünf-Sterne-Hotel neben dem exklusiven Spa auch für die hervorragende Küche in seinen beiden Restaurants. Nur für Gäste mit gut gefülltem Geldbeutel.
Schillerstraße 4-6
Tel. (072 21) 90 00
www.brenners.com €€€

Schlosshotel Bühlerhöhe

Es ist eine der exklusivsten Adressen Deutschlands. Die imposante Anlage aus wilhelminischer Zeit liegt hoch über Baden-Baden und erlaubt einen herrlichen Blick in die Rheinebene. Die Bühlerhöhe verfügt über zwei Edel-Restaurants und eine illustre Beauty- und Spa-Abteilung.
(C 8) Schwarzwaldhochstraße 1
Tel. (072 26) 550
www.buehlerhoehe.de €€

Steigenberger Hotel Badischer Hof
Der alte Teil des 4-Sterne-Hotels ist ein ehemaliges Kapuzinerkloster. Der „Badische Hof“ verfügt als einziges Hotel in Baden-Baden über ein mit Thermalwasser gefülltes Innen- und Außenbecken, die meisten Zimmer haben sogar einen eigenen Thermalwasseranschluss. Medizinische Badeabteilung. Wunderschöne Sommerterrasse.
Lange Str. 47, Tel. (072 21) 93 40, www.badischer-hof.steigenberger.de €€

Privathotel Quisisana
Das in einer Villengegend gelegene Wellness-Hotel bietet neben Schönheitsbehandlungen auch Massagen und eine ganzheitliche Energie-Therapie an. Außerdem gibt es eine großzügige Bade- und Saunalandschaft. Das noble Hotelrestaurant ist vor allem auf gesundheitsbewusste Gäste ausgerichtet: Der Chefkoch serviert leichte, salz- und fettarme Gourmet-Küche.
Bismarckstr. 21
Tel. (072 21) 36 90, www.privathotel-quisisana.de €€

Maison Messmer
Das traditionsreiche Hotel des 19. Jhs., in dem auch der Kaiser abstieg, ist im 21. Jh. als „Dorint Hotel Maison Messmer“ wieder erstanden.
Werderstraße 1
Tel. (072 21) 301 20 €€

Gasthaus Auerhahn
Schöner Landgasthof mit rustikal eingerichteten Hotelzimmern, etwa zehn Autominuten von der Baden-Badener Innenstadt entfernt. Das Restaurant des „Auerhahn“ ist für seine badische Küche bekannt.
Geroldsauerstr. 160
Tel. (072 21) 74 35
www.gasthaus-auerhahn.de €

Waldhotel Forellenhof
In den 60er Jahren wurde hier die Fernsehserie „Der Forellenhof“ mit Hans Söhnker gedreht. Heute ist das gut erreichbare Hotel ein beliebtes Ausflugsziel. Die Zimmer sind wohnlich eingerichtet, für Hotelgäste stehen Leihfahrräder zur Verfügung. Restaurant mit eigener Forellenzucht und -räucherei.
Gaisbach 91, Tel. (072 21) 97 40
www.forellenhof-baden-baden.de €

Hotel Merkur
Zentral gelegenes Hotel mit geräumigen, modern eingerichteten Zimmern. Im hauseigenen Restaurant wird deutsche Küche serviert. Parkmöglichkeit vorhanden.
Merkurstraße 8
Tel. (072 21) 30 30
www.hotel-merkur.com €

Romantik Hotel Der Kleine Prinz
Das Nobel-Hotel ist mit Motiven aus Antoine de Saint-Exupérys Geschichte vom Kleinen Prinzen dekoriert. In einigen der originell eingerichteten Zimmer gibt es Kamin und Whirlpool. Ausgezeichnete Küche. Besonders bei Hochzeitspaaren ist das Hotel beliebt. Das Haus steht unter der Leitung der Familie Rademacher, die zuvor das Waldorf-Astoria in New York leitete.
Lichtentaler Straße 36
Tel. (072 21) 34 66 00
www.derkleineprinz.de €€

SZENE

Maxs
Edel-Disco. Die musikalische Palette reicht von House über Black und Dance Music.
Kaiserallee 4
Tel. (072 21) 243 40
Fr, Sa u. vor Feiertagen 23-5 Uhr

Oleander-Bar
Wer einmal das Flair eines Luxushotels erleben möchte, sollte einen Abstecher in die feudale Bar von Brenner's Park-Hotel machen. Abends gibt es dezente Live-Pianomusik. Toller Service.
Brenners Park Hotel
Schillerstraße 4-6
Tel. (072 21) 90 00
täglich 9-2 Uhr

In der Trinkhalle
Stilvolle Szene-Bar. Früher kamen die Gäste zur Trinkhalle, um gesundes Wasser aus der Friedrichsquelle zu trinken. Heute gehen sie auch eine Tür weiter und nehmen an der stilvollen Bar oder in einem der bequemen Sessel Platz, um einen Whisky zu schlürfen oder eine Zigarre zu rauchen. Mittwochs gibt es Live-Musik.
Kaiserallee 3
Tel. (072 21) 30 29 05
täglich von 10 bis 2 Uhr

Bombay Rooms
Rote Teppiche, grüne Samtkissen, große Spiegel, gemütliche Sofas – Szene-Lounge mit orientalischem Ambiente. Wer zu vorgerückter Stunde tanzen gehen möchte, findet eine Etage tiefer das „Maxs“.
Kaiserallee 4, Tel. (072 21) 39 74 37 *Di-Do 18-1 Uhr, Fr-Sa 18-3 Uhr, So 18-1 Uhr*

Leo's
Das Publikum in Baden-Badens In-Kneipe ist jung, schick – und meist gut betucht. Im Leo's trifft man sich zum ausgedehnten Frühstück, zum Kaffeetrinken am Nachmittag, zum Abendessen – oder einfach auf ein Bier nach dem Kino. Im Sommer werden vor dem Lokal Tische aufgestellt, von denen sich Baden-Badens Society beim Promenieren beobachten lässt.
Luisenstraße 8-10
Tel. (072 21) 380 81
täglich 8-2 Uhr

Café König
Traditionsreiches Café der Baden-Badener Gesellschaft. Hier trifft man zur Kaffeezeit außer wohlhabenden Damen und ihren Schoßhündchen auch Jedermänner. Berühmt

MERIAN | TIPP

Porträt eines Sammlers
Frieder Burda hat Baden-Baden über 500 Bilder gestiftet und das 20 Mio. Euro teure Museum von Architekt Richard Meier dazu. 1968 kaufte der Verlegersohn sein erstes Kunstwerk, ein damals kühnes rotes Schnittbild von Lucio Fontana. Schließlich „bin ich dort angekommen, wo ich herstamme“, sagt der Sammler: „Meine Obsession ist nun mal der Expressionismus. August Macke und Ernst Ludwig Kirchner habe ich von meinem Vater übernommen, ich selber halte Max Beckmann für den größten Maler, den ich reichlich dazugekauft habe.“ Und er hat schon früh Werke von Gerhard Richter, Sigmar Polke und Georg Baselitz erworben. Als Kapitalanlage? „Niemals“, sagt Burda. „Ich kaufe nur aus Intuition, nicht als Spekulation.“

Lichtentaler Allee 8 b
Tel. (072 21) 39 89 80
www.sammlung-frieder-burda.de
Di-So 10-18 Uhr, Mi bis 20 Uhr
Mo geschlossen

MERIAN | MEETINGS

Star-Paraden

Eine Stadt – vier Jahres-Höhepunkte

Internationales Oldtimer-Meeting Seit 1976 treffen sich einmal jährlich Oldtimer-Freunde aus ganz Europa in Baden-Baden. Während der zweitägigen Veranstaltung sind in den Parkanlagen der Kaiserallee 350 Autos aus allen Epochen zu bewundern. Höhepunkt des Meetings ist ein großer Auto-Korso durch Baden-Baden. Das Ereignis lockt jedes Jahr etwa 15 000 Besucher in die Kurstadt.
Tel. (072 23) 80 12 90
www.oldtimer-meeting.de
Nächster Termin: 16. und 17. Juli 2005

Polierte Nostalgie: das internationale Oldtimer-Treffen

Rennwoche Iffezheim Dreimal im Jahr – zum „Frühjahrs-Meeting", zur „Großen Woche" im Sommer und zum „Sales & Racing Festival" im Herbst – pilgern nicht nur Pferdeflüsterer nach Iffezheim. Seit 1858 preschen die Edelsten der Zucht übers Geläuf. Und am Rande der Rennbahn trifft sich die Bussi-Gesellschaft, um mit gewagten Roben und Hüten auf sich aufmerksam zu machen. Tel. (07229) 18 70, www.baden-galopp.com

New Pop Festival Jedes Jahr im September veranstaltet der Radiosender SWR 3 in Baden-Baden und Rastatt das New Pop Festival. Beim mehrtägigen Musik-Marathon treten hauptsächlich Musiker auf, die kurz vor ihrem großen Durchbruch stehen. Für Stars wie Alanis Morissette, Anastacia oder Xavier Naidoo fiel auf dem New Pop Festival der Startschuss zu ihrer Deutschland-Karriere. Einer der Höhepunkte des Festivals sind die Konzerte im Daimler-Chrysler-Werk in Rastatt, bei denen die Musiker zwischen Montagebändern und Schweißrobotern in der Werkhalle auftreten.
Tel. (072 21) 30 03 00, www.swr3.de

Karajan-Pfingstfestspiele Zwar hat Herbert von Karajan nie in Baden-Baden dirigiert, trotzdem tragen die Pfingstfestspiele seinen publikumswirksamen Namen. Jedes Jahr zu Pfingsten treten im Festspielhaus internationale Musikgrößen wie Claudio Abbado, Anne-Sophie Mutter oder Cecilia Bartoli auf.
Baden-Baden, Kur und Tourismus GmbH
Tel. (072 21) 301 31 01
www.festspielhaus.de

ist das Café König für seine klassisch englische Teestunde, zu der täglich ab 14 Uhr hausgemachte Orange-Scones mit Sahne und Erdbeerkonfitüre gereicht werden.
Lichtentaler Straße 12
Tel. (072 21) 235 73
Mo-Sa 8.30-18.30 Uhr, So 9.30-18.30 Uhr

AKTIV

Ballooning 2000
Europas größte Ballonflotte besteht aus 25 Heißluftballons. Wer mitfliegen möchte, kann sich auch kurzfristig anmelden. Ganz billig ist der Spaß allerdings nicht – mindestens 253 € pro Flug.
Tel. (072 23) 600 02
www.ballooning2000.de

BÜHL

(B 7/8) Tourist-Information
Hauptstraße 92
77815 Bühl
Tel. (072 23) 93 53 32
Fax 93 53 39, www.buehl.de

SEHENSWERT

Stadtführung
Wer die Geschichte der Zwetschgenstadt näher kennen lernen will, schließt sich am besten einer Führung an. Oder man besichtigt die Winzergenossenschaft des Affentaler Rotweins bei einer Kellerführung mit anschließender Weinprobe. Infos direkt beim Fremdenführer, dem ehemaligen Polizeibeamten Hermann Deschner, Spitzname: „Deschner-Männle".
Tel. (072 23) 263 17

Rathaus
In einem besonderen Gebäude regiert Bühls Bürgermeister: Das Rathaus war bis Mitte des 19. Jahrhunderts die Stadtkirche. Der Westturm ist noch im ursprünglichen spätgotischen Stil erhalten. Im Eingangsbereich ist das alte Netzgewölbe zu sehen.
Hauptstraße

Burgruine Alt-Windeck
Die Burg der Herren von Windeck aus dem 12. Jh. wurde im 14. Jh. teilweise vom Feuer zerstört und später als Steinbruch verwendet. Toller Blick ins Rheintal. Alle zwei Jahre im August ist die Ruine Kulisse für das Mittelalterfest mit Gauklern und Ritterspielen – das nächste Mal im Jahr 2006.
(B 8) Infos:
Tel. (072 23) 93 53 32

Barockkirche St. Maria
Der Zwiebelturm von St. Maria ist Wahrzeichen des kleinen Ortes Kappelwindeck. In der 1765 erbauten Barockkirche findet sich ein überlebensgroßes Deckenfresko mit Himmelfahrt und Krönung Marias.
(B 8) Kappelwindeck

Rohrhirsch-Mühle
Die ältesten Teile der Mühle gehen auf das 18. Jh. zurück. Als Ölmühle errichtet, wurde hier seit Mitte des 19. Jhs. Getreide gemahlen. Seit 1996 ist sie im Besitz von Ernst Venz, der sie renoviert und im ältesten Teil ein Museum eingerichtet hat.
(B 7) Bühler Seite 44
Bühl-Altschweier
Tel. (072 23) 226 54
Apr.-Okt. jeweils am 1. So im Monat von 14 bis 18 Uhr und nach Vereinbarung

NATUR

Wandern durch die Reben
Die Weinberge oberhalb von Bühl laden zu Spaziergängen und mehrtägigen Wandertouren ein. Viele Hotels bieten einen Gepäcktransport von Station zu Station an.

Gertelbach-Rundweg
Einer der schönsten Wanderwege im Bühlertal startet gleich mit dem Höhepunkt, den Wasserfällen. Hier stürzt das Wasser über Kaskaden fast 70 Meter abwärts. Für die Wanderer geht es bergauf bis zur Gertelbach-Hütte. Dann zum Wiedenfelsen, der einen tollen Blick ins Tal bietet. Über Hertahütte und das Waldgasthaus Kohlbergwiese zurück ins Tal.
(C 8) Tourist-Info
Tel. (072 23) 93 53 32

EINKAUFEN

Weingut Duijn
Meist wird man Winzer, weil die Familie einen Weinberg hat

und schon der Vater und der Großvater dieses Handwerk gelernt haben. Jacob Duijn war Vertreter bei einem Bremer Weinhändler und früher mal Sommelier bei Starkoch Witzigmann in München – und macht derzeit wohl die besten Spätburgunder in Deutschland. 1994 hatte Duijn in Bühl einen Winzer kennen gelernt, der einen Nachfolger suchte. Duijn übernahm dessen Weinberge, ging bei einem befreundeten Winzer in die Rebschule und betätigte sich erst einmal als Feierabendwinzer. Im Jahr 2004 machte er aus seiner Leidenschaft einen Beruf. Und die Fachwelt ist begeistert.
Klotzbergstraße 1a
Tel. (072 23) 214 97
www.weingut-duijn.com

TeeDeUm
Tee ist nur Namensgeber für dieses schöne Geschäft in der Bühler Innenstadt. Denn das Sortiment hält Öle und Essigkreationen ebenso bereit wie aromatisierten Honig, Marmeladen und Gelees.
Schwanenstraße 10
Tel. (072 23) 91 18 67

Meierhof
Hier brennt der Chef selbst. Und zwar Schnäpse. Bühl gilt als Mekka der Kleinbrenner, viele brennen ihr Pflaumenwasser für den Hausgebrauch. Die ausgedehnten Obstwiesen rundherum liefern den Rohstoff. Bei Hans Meier und seinem Sohn gibt es hochkarätig Hochprozentiges zu kaufen.
(B 7) Meierhof 1, Bühl-Eisental
Tel. (072 23) 217 27

KABARETT

Schütte-Keller
Kleinkunst-Treffpunkt in einem gemütlichen Gewölbekeller. Kabarett und Musik von regionalen und internationalen Künstlern. Highlights sind Konzerte des jährlichen Festivals für amerikanische Bluegrass-Musik aus Tennessee.
Blumenstraße 5
Tel. (072 23) 25 00 76
www.schuettekeller.de

RESTAURANTS

Krone
Pavel Pospisil zaubert aus regionalen Produkten und mit den Rezepten seiner böhmischen Heimat. Von der Spanferkelsülze über frische Fischgerichte bis zur delikaten Gänsestopfleber reicht sein Repertoire. Besonders zu empfehlen sind die unglaublich fluffigen Serviettenknödel, die exzellent zu den Wildgerichten passen. Auch der zarte Lammrücken mit Kräuterkruste ist ein Gedicht.
(B 7) Seestraße 6
Bühl-Oberbruch
Tel. (072 23) 936 00 €€

Restaurant Bergfriedel
Ausgefallene Küche zu zivilen Preisen. Die kenntnisreich zusammengestellte Weinkarte, besonders mit Sorten aus der Region, überzeugt Genießer.
(B/C 8) Haabergstraße 23, Bühl-Bühlertal, Tel. (072 23) 722 70
www.bergfriedel.de €€

Jägersteig
Traumhafte Sonnenterrasse mit Blick über die Rheinebene. Dabei kann man die frische badische Küche genießen. Spezialität sind Wildgerichte.
(B 8) Kappelwindeckstraße 95 a
Tel. (072 23) 985 90 €€

HOTELS

Grüne Bettlad
Kleines Privathotel in einem denkmalgeschützten Fachwerkhaus mitten in Bühl. Seit über 40 Jahren ist das Haus im Besitz der Familie Günthner. Die sechs Zimmer sind bäuerlich eingerichtet und eignen sich bestens für einen Wochenend-Aufenthalt zu zweit. In dem hervorragenden Restaurant gibt es badisch-französische Küche.
Blumenstraße 4
Tel. (072 23) 931 30
www.gruenebettlad.de €

Hotel Restaurant Burg Windeck
Übernachten auf der Burg. Das Anwesen unter der alten Burgruine derer zu Windeck bietet großzügige Zimmer im Landhausstil. Außerdem verfügt das Hotel über einen liebevoll gestalteten Saunabereich. Die gehobene badische Küche schmeckt bei dem spektakulären Blick aufs Rheintal gleich doppelt so gut. In der Vesperstube „Pferdestall" gibt es Flammkuchen und Mahlzeiten für den kleinen Hunger.
(B 8) Kappelwindeckstraße 104
Tel. (072 23) 949 20
www.burg-windeck.de €

Bühler Kalender

Bühler Zwetschgenfest
Das Bühlertal ist geprägt von seinen Obstbaumwiesen. Frühzwetschgen haben den Ort bekannt gemacht. Und um die süßen blauen Knubbel dreht sich auch alles beim traditionellen Fest, das immer am 2. Septemberwochenende stattfindet.
Tel. (072 23) 93 53 32

Jazztival
Alle zwei Jahre im Oktober kommen hier die deutschen und europäischen Jazzer zusammen.
Tel. (072 23) 93 54 16
www.jazztivalbuehl.de
Nächster Termin ist Okt. 2006

Luk Challenge
Von Jan Ullrich bis Lance Armstrong – beim jährlichen Radrennen trifft sich die Weltelite nur eine Woche nach der Tour de France zur Revanche.
Tel. (072 23) 93 52 01
www.lukchallenge.de
Nächster Termin ist 30. Juli 2005

Novemberlicht
Früher war der Herbst die Zeit für Geschichten und Moritaten. Diese Tradition versuchen die badisch-elsässischen Kulturtage alle zwei Jahre wieder aufleben zu lassen. Auf Bühnen links und rechts des Rheins geben regionale Künstler Kostproben ihres Könnens – das nächste Mal im Jahr 2006.
Tel. (072 23) 93 54 05

MERIAN | ARCHITEKTUR

Antike Tempel für die neue Zeit

Der Baumeister Friedrich Weinbrenner

Karlsruhe, nicht historisch gewachsen, sondern am Reißbrett ausgedacht, war immer eine Herausforderung für Städteplaner. Keine 100 Jahre nach der Gründung machte sich Friedrich Weinbrenner daran, die Barockstadt klassizistisch umzurüsten. Seine Handschrift ist heute noch vor allem rund um den Marktplatz zu erkennen. Weinbrenner war in Karlsruhe geboren und hatte von seinem Vater das Zimmermanns-Handwerk erlernt. Nach der Gymnasialzeit wandte er sich der Baukunst zu. Den klassizistischen Stil, der damals in Mode kam, studierte der junge Mann auf Reisen nach Italien zu den antiken Originalen. 1797 kehrte er nach Karlsruhe zurück. Endlich erfüllte sich sein Wunsch, in seiner Heimatstadt zu bauen. Er wurde oberster Bauinspektor und damit erster Städteplaner und Architekt in Baden. In dieser Zeit gestaltete er vor allem den Marktplatz mit der evangelischen Stadtkirche, dem Rathaus und weiter im Süden den Rondellplatz mit dem Markgräflichen Palais. Den Abschluss dieser als „Via Triumphalis" geplanten Achse, die sich vom Schloss nach Süden erstreckte, bildete das Ettlinger Tor. Doch die Karlsruher gingen nicht allzu pfleglich mit dem architektonischen Erbe Weinbrenners um. Schon 1872 wurde das Ettlinger Tor abgerissen – Platz da für den wach-

Säulen, Giebel, klare Proportionen: Weinbrenners Marktplatz

senden Straßenverkehr. Heute erinnert an der Kreuzung von Kriegsstraße und Ettlinger Straße eine blaue Skulptur des Künstlers Andreas Helmling an Weinbrenners Werk. Andere Preziosen des Meisters der klaren Linie, der antiken Säulen und Giebel – Markgräfliches Palais, Rathaus und Stadtkirche – wurden durch Bomben nahezu vollständig vernichtet. Nur die Fassaden entstanden nach dem Krieg wieder neu.

Noch heute ist auf dem Marktplatz die meisterliche Raumaufteilung Weinbrenners zu erkennen, trotz einiger gesichtsloser Bauten der fünfziger Jahre. Der Platz sollte ein bürgerliches Zentrum als Gegengewicht zum Schlossgarten sein. Weinbrenner gilt heute neben Karl Friedrich Schinkel und Leo von Klenze als einer der wichtigsten Vertreter des Klassizismus in Deutschland.

KARLSRUHE

(c 6) **Touristinformation Karlsruhe**
Bahnhofplatz 6
Tel. (0721) 37 20 53-83/84
Fax (0721) 37 20 53 85
Mo-Fr 9-18 Uhr, Sa 9-13 Uhr

(c 3) **Karlsruhe Stadtinformation**
Am Marktplatz
Karl-Friedrich-Straße 9
Tel. (0721) 37 20 53 76
Fax (0721) 37 20 53 89
www.karlsruhe.de/tourismus
Mo-Fr 9.30-19, Sa 10-15 Uhr

SEHENSWERT

(c/d 3) **Schloss**
Alles läuft in Karlsruhe auf das Schloss von 1715 zu. Es liegt im Schnittpunkt des Fächergrundrisses, der für die Stadt so charakteristisch ist. Die Barockfassade nach Plänen von Balthasar Neumann wurde nach den schweren Zerstörungen im Zweiten Weltkrieg wieder hergestellt. Einzig im Original erhalten ist der Turm.

(e 4) **Schloss Gottesaue**
Der rote Bau mit Zwiebeltürmen steht als Lustschloss aus dem 16. Jahrhundert etwas verloren zwischen Schlachthofviertel und Messplatz. Heute Domizil der Hochschule für Musik. Im Sommer wird der Garten zum Freilichtkino.

(c 6) **Zoo**
Der Tierpark ist überregional bekannt wegen seines attraktiven Eisbärengeheges. Man kann den Tieren, auch wenn sie tauchen, auf Zentimeter nahe kommen – nur durch Panzerglas getrennt. Der Zoo geht über in den lauschigen Stadtpark.
Tel. (0721) 133 68 15
tgl. 9-16 Uhr

MUSEEN

(c/d 3) **Badisches Landesmuseum**
Zu den Sammlungen im Schloss gehören bedeutende Antikenschätze; außerdem viele Exponate aus der badischen Geschichte, darunter die Beute, die Markgraf Ludwig Wilhelm („Türkenlouis") als Feldherr von den Kriegen gegen die Türken heimgebracht hat. Immer wieder ist das Museum Schauplatz spektakulärer Ausstellungen (zuletzt „Hannibal ad portas").
Tel. (0721) 926 65 14
Di-Do 9-17, Fr-So bis 18 Uhr

(c 3) **Staatliche Kunsthalle**
Sie gehört zu den führenden Gemäldegalerien im Lande. Die Sammlung speist sich vor allem aus dem Besitz der Markgrafen. Das Kupferstichkabinett umfasst 80 000 Blätter. Bilder von Künstlern des 20. Jahrhunderts sind in der benachbarten Orangerie zu sehen.
Hans-Thoma-Straße 2–6
Tel. (0721) 926 33 55
www.kunsthalle-karlsruhe.de
Di-Fr 10-17, Sa/So 10-18 Uhr

(a 5) **ZKM**
siehe Seite 82–89 („Das digitale Bauhaus").

(a 5) **Städtische Galerie**
Ein Schwerpunkt ist badische Kunst seit 1850. Der andere: Malerei, Plastik und Fotografie der Gegenwart, darunter Werke von Markus Lüpertz, Per Kirkeby und Georg Baselitz, die in Karlsruhe lehrten. Hochkarätige Sonderausstellungen.
Lorenzstraße 27
Tel. (0721) 133 44 01
Mi-Fr 10-18, Sa/So 11-18 Uhr

(c 1/2) **Majolika**
In der einzigen deutschen Keramik-Manufaktur werden Kreationen nach Entwürfen profilierter Künstler wie Markus Lüpertz angeboten. Einen Überblick über die Majolika-Geschichte bieten Museum und Galerie.
Ahaweg 6-8
Tel. (0721) 912 37 70
Mo-Fr 10-19, Sa/So 10-16 Uhr

(c 3) **Badischer Kunstverein**
Der zweitälteste in Deutschland, 1818 gegründet. Heute organisiert die Vereinigung pro Jahr acht bis zehn Ausstellungen zur Gegenwartskunst.
Waldstr. 3, Tel. (0721) 282 26
www.badischer-kunstverein.de
Di-Fr 11-19, Sa/So 11-17 Uhr

(b 3) **Museum für Literatur am Oberrhein**
Lebendige Präsentation der Dichtung vom Mittelalter bis heute. Die Bibliothek umfasst 8000 Bände, im Tonkabinett findet man Hörspielpro-

Neue Messe, neueste Kunst: „art Karlsruhe" zeigt die Trends

duktionen und andere literarische Tondokumente. Erstklassige Lesungen und Ausstellungen.
Karlstraße 10
Tel. (0721) 133 40 87
Di, Fr, So 10-18, Do 10-19 Uhr, Sa 14-18 Uhr

THEATER, KABARETT

(d 4) **Staatstheater**
Das Dreispartenhaus ist Baden-Württembergs zweitgrößtes Theater. Einen überregionalen Ruf hat sich die Bühne durch großartige Aufführungen wieder entdeckter Opern gemacht.
Baumeisterstraße 11
Tel. (0721) 355 70
www.staatstheater.karlsruhe.de

(a 3) **Sandkorntheater**
Vielseitiges Privattheater, das moderne Klassiker, Musicals, Kabarettprogramme und Jugendtheater im Repertoire hat.
Kaiserallee 11
Tel. (0721) 84 89 84

(e 3/4) **Tollhaus**
Jazzer, Rocker, Kabarettisten – alles, was national einen Namen hat, stand schon auf der Bühne des selbst verwalteten Kulturzentrums. Das Zeltival im Sommer ist fester Programmpunkt des Karlsruher Kulturkalenders.
Schlachthausstraße 1
Tel. (0721) 96 40 50
www.tollhaus-karlsruhe.de

EINKAUFEN

(b/c 4) **Grüner Krebs**
Von der lebensgroßen Plastikkuh bis zum Designerkorkenzieher: In den Einrichtungshäusern von Wenzel Grüner und Volker Krebs gibt's alles.
Erbprinzenstr. 21 und Pfinztalstr. 90, Tel. (0721) 255 42
www.gruenerkrebs.de

(b/c 4) **Glam**
Modeboutique, wie man sie eher in Düsseldorf oder Hamburg erwartet. Einrichtung im coolen 70er-Jahre-Design, Klamotten für Individualisten.
Erbprinzenstraße 26
Tel. (0721) 869 76 90

(b 4) **Roter Punkt**
Erlesene Möbel zum Teil aus ökologischer Produktion werden im reizvollen Ambiente einer einstigen Bankfiliale feilgeboten.
Amalienstr. 25, Ecke Waldstr.
Tel. (0721) 285 78

(d 5) **M. + People**
Gegenüber der „Schauburg" in der Südstadt stylen Matthias Ernst und sein Team Londoner Trendfrisuren und Brautkränze.
Marienstraße 23
Tel. (0721) 354 78 88

(a 4) **Weinlade am Gutenbergplatz**
Hier berät Guntram Fahrner, einer der besten Sommeliers in Deutschland.
Nelkenstraße 33
Tel. (0721) 830 77 70

(c 3) **Bücherhaus**
Antiquariat in einem der ältesten Häuser der Stadt. Schon die Räume lohnen den Besuch, erst recht die Bücher.
Waldstr. 17, Tel. (0721) 260 27

RESTAURANTS

(b 4) **Dudelsack**
Heinz Hügel verführt auf badisch-französische Weise. Der getäfelte Raum, die nostalgischen Bilder und die rot karierten Tischdecken erinnern an ein Bistro jenseits des Rheins.
Waldstraße 79
Tel. (0721) 20 50 00
mittags geschlossen €€

(b/c 3) **Oberländer Weinstube**
Sein Michelinstern ist nicht das Entscheidende. So ungezwungen, wie Peter Rinderspacher in der „Oberländer Weinstube" seine leichten Saison-Menüs serviert, ist er eine Klasse für sich. Im Sommer sitzt man im Innenhof unter einem Feigenbaum, winters gemütlich drinnen um den Kachelofen. Hervorragende Weinkarte.
Akademiestraße 7
Tel. (0721) 250 66
Di-Sa u. feiertags 11.45-15 und 18-24 Uhr, So/Mo geschl. €€€

(b 5) **Buchmanns Restaurant**
Buchmanns haben sich einen festen Platz unter den Toprestaurants der Region erkocht. Bei Nachtisch und Weinkarte schlägt die österreichische Herkunft des Küchenchefs durch.
Mathystraße 22–24
Tel. (0721) 820 37 30
Mo-Sa 18-1 Uhr, Mo-Fr auch 12-15 Uhr, So geschl. €€€

(e 3/4) **Klenerts am Turmberg**
Regionale saisonale Gerichte, sehr gute Fischteller und an klaren Tagen ein sensationeller Blick bis über den Rhein. Noch Wünsche?
Reichardtstraße 22
Tel. (0721) 414 59
tgl. 11.30–24 Uhr €€

(a 4) **Gutenberg**
Rustikale Kneipe mit bayerisch-badischen Gerichten. Die Küche hat fast immer einen reschen Schweinsbraten oder eine Haxe im Ofen.
Nelkenstraße 27
Tel. (0721) 985 15 16
Mo-Fr 11-24, Fr/Sa bis 1 Uhr, So ab 17 Uhr €€

(e 3/4) **La Dolce Vita**
Sehr gute italienische Küche in Durlachs Innenstadt. Täglich wechselnde Karte mit frischer Pasta. Aus dem Ofen kommt die beste Pizza der Stadt.
Am Zwinger 3, Durlach
Tel. (0721) 49 33 33
Mo-So 12-14 und 18-23 Uhr, Sa mittags geschl. €€

(a 4) **Die Olive**
Auf das hervorragende Essen im kleinen City-Restaurant wartet man gern einen Moment länger. Ideal für einen schönen Abend zu zweit. Reservieren!
Scheffelstraße 57
Tel. (0721) 84 49 55
Di-Sa 18.30-24 Uhr €€

STUDENTENKNEIPEN

(a 4) **Löwenbräukeller**
Es gibt preiswerte badische, vor allem aber thailändische Gerichte. Im Sommer sitzt man auf Bierbänken draußen.
Sophienstraße 95
Tel. (0721) 84 33 15 €

(d 5) **Wolfsbräu**
Preiswerte Gerichte („Braumeisterpfanne"), Bier aus eigener Brauerei. Montag ist Kannentag, da wird aus Karaffen geschluckt.
Werderstraße 51
Tel. (0721) 354 57 70 €

Vater und Tochter unterwegs in der Videowelt: ZKM

R S Tram Liniennetzplan

gültig ab 12.12.2004

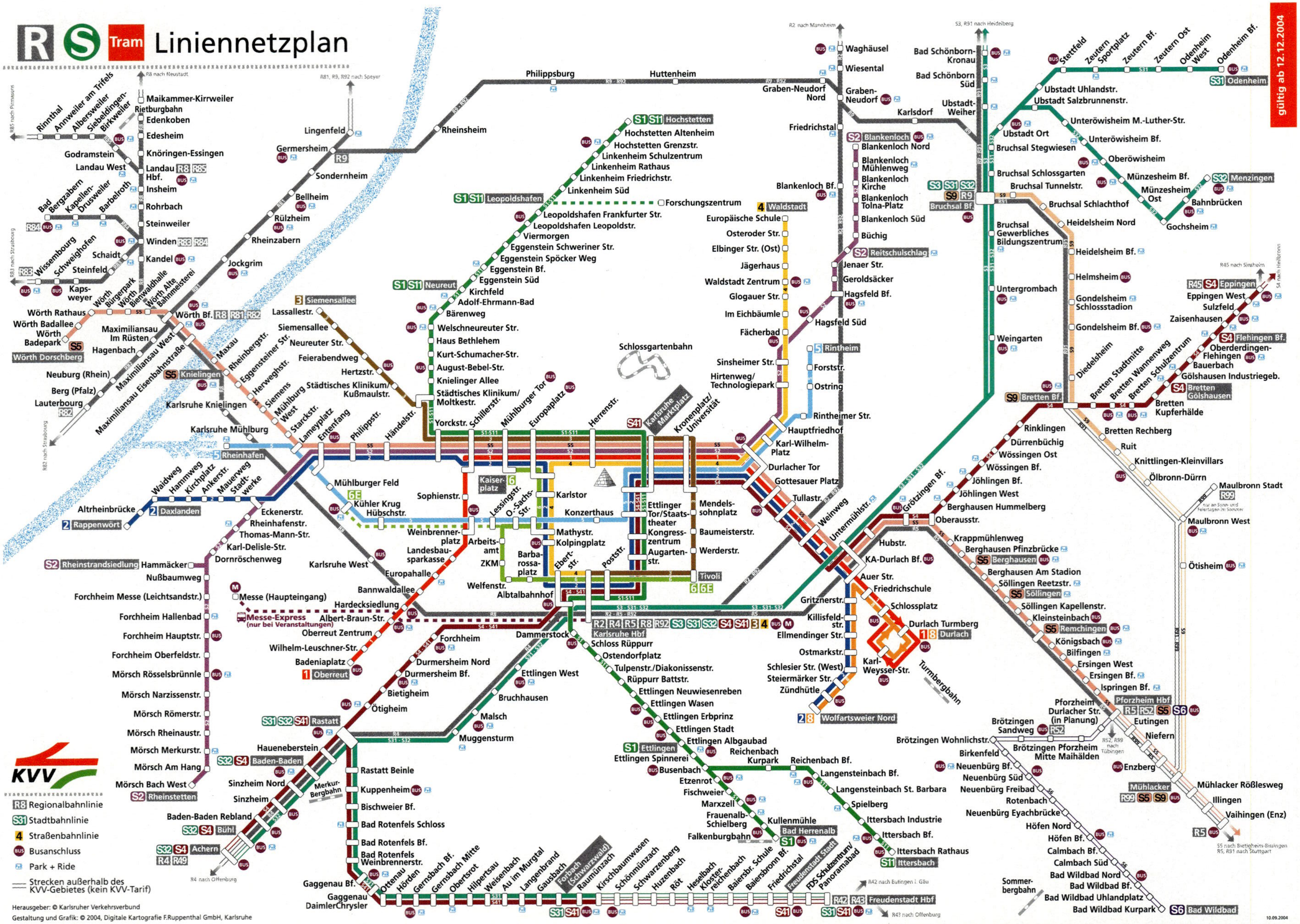

KVV

R8 Regionalbahnlinie

S11 Stadtbahnlinie

4 Straßenbahnlinie

BUS Busanschluss

P+R Park + Ride

Strecken außerhalb des KVV-Gebietes (kein KVV-Tarif)

Herausgeber: © Karlsruher Verkehrsverbund

Gestaltung und Grafik: © 2004, Digitale Kartografie F.Ruppenthal GmbH, Karlsruhe

10.09.2004

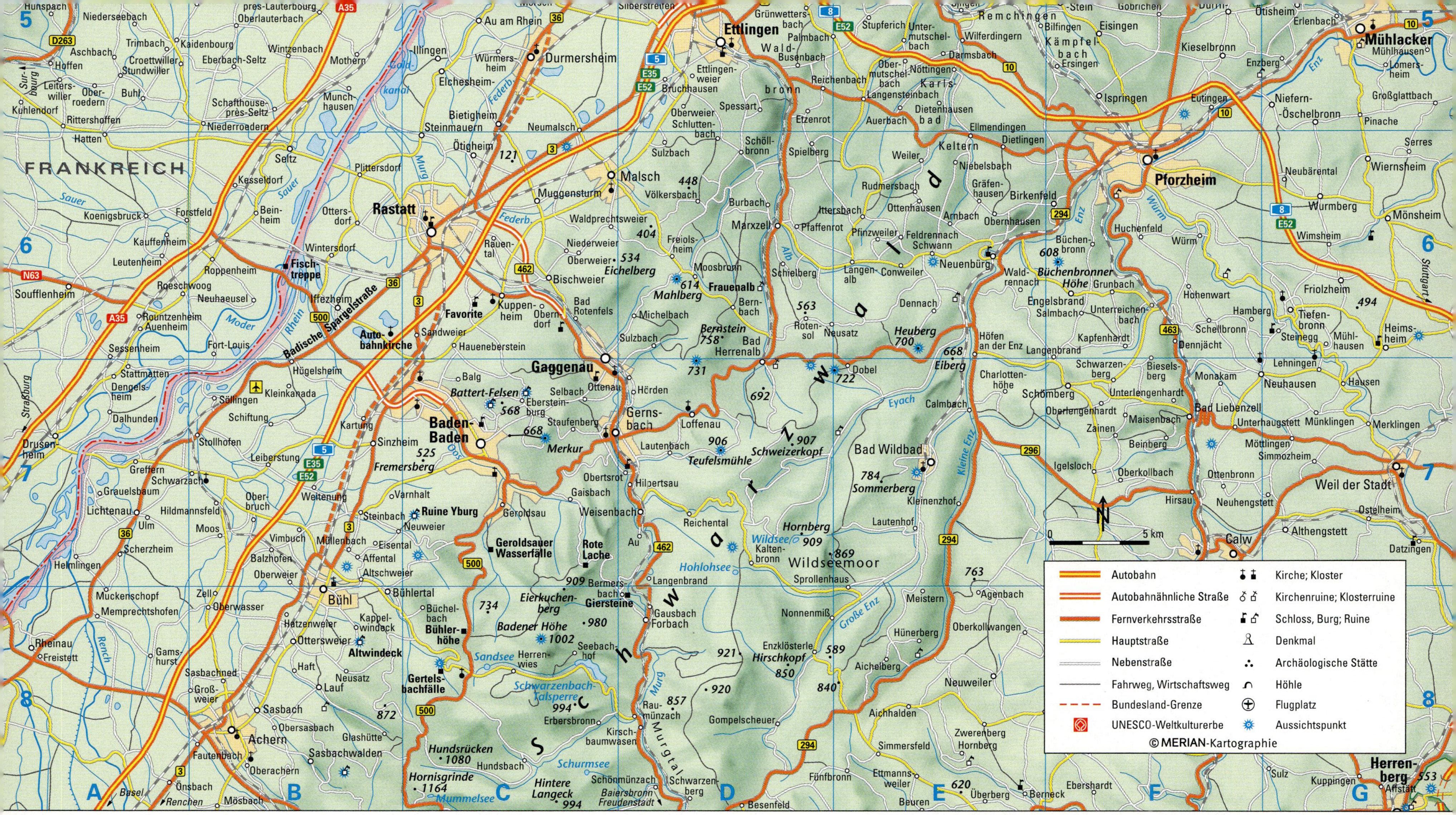

Orte

Achern B 8
Altschweier B 7
Baden-Baden C 7
Bad Herrenalb D 6/7
Bad Rotenfels C 6
Bad Wildbad E 7
Bermersbach C/D 7/8
Blankenloch D 4
Bruchsal E 3
Bühl B 7/8
Bühlertal B/C 8
Busenbach D 5
Diedelsheim F 4
Durmersheim C 5
Ebersteinburg C 7
Eppingen G 3
Ettlingen D 5
Flehingen F 4
Forbach D 8
Friedrichstal D 3
Gaggenau C 6/7
Gaisbach C 7
Gernsbach C/D 7
Geroldsau C 7
Gochsheim F 4
Gondelsheim F 4
Hörden D 7
Iffezheim B 6
Kaltenbronn D 7
Kappelwindeck B 8
Kirschbaumwasen D 8
Kuppenheim C 6
Langenbrand D 7
Loffenau D 7
Malsch C/D 6
Michelbach D 6
Moosbronn D 6
Neuenbürg F 3
Neuweier B/C 7
Oberndorf C 6
Östringen F 2
Ottenau C 7
Plittersdorf B 6
Rastatt C 6
Rheinstetten C 5
Schielberg D 6
Steinmauern C 5/6
Stutensee D/E 3/4
Sulzfeld G 3/4
Ubstadt F 3
Unteröwisheim F 3
Weisenbach D 7
Wössingen F 4

Farben, Düfte, Stille mitten in der Stadt: der Botanische Garten

(d 3) **Der Ballermann**
Anders als es der Name erwarten lässt, ist die Mischung aus Kneipe und Würstchenbude neben dem Campus zur Uni-Kantine geworden. Anerkanntermaßen wird hier die beste Currywurst Karlsruhes serviert. Portionen und Preise entsprechen studentischem Bedürfnis.
Englerstraße 14
Tel. (0721) 69 44 17 €

CAFES

(a 3) **Kaffeehaus Schmidt**
Im 1. Stock hat nostalgischer Charme überdauert. Unten wird's manchmal eng an der größten Kuchentheke der Stadt.
Kaiserallee 69
Tel. (0721) 84 93 38

(d 4) **Café Palaver**
Üppig frühstücken den ganzen Tag über. Im Sommer kann man auch schön im Hof des Gewerbehofs sitzen. Sehr kinderfreundlich.
Steinstraße 23
Tel. (0721) 37 76 47

(b 3) **Max, Café, Bar**
Auf der Karte stehen Suppen, Quiches und feiner Ofenschlupfer, eine süße Deftigkeit; im Sommer sitzt man sonnig auf der Terrasse und im Garten; donnerstags legt ein DJ auf.
Akademiestraße 38a
Tel. (0721) 160 88 33

HOTELS

(c 6) **Schlosshotel**
Luxuriöses Traditionshaus gegenüber von Bahnhof und Zoo. Seine beiden Restaurants offerieren französische und regionale Küche auf hohem Niveau. Sauna und Fitnessbereich bieten Entspannung.
Bahnhofsplatz 2
Tel. (0721) 383 20
www.schlosshotel-karlsruhe.de €

(c 5) **Dorint Novotel**
Helle Zimmer in der schlichten Eleganz eines modernen Businesshotels. Direkt neben dem Kongresszentrum. Ein Restaurant und eine Bar sorgen für leibliches Wohl.
Festplatz 2, Tel. (0721) 352 60
www.dorint.com/karlsruhe €€

(d 4) **Renaissance-Hotel**
Die 217 elegant möblierten Zimmer des Viersternehotels sind modern und funktional ausgestattet, ideal für Geschäftsreisende. Das Restaurant „Zum Markgrafen“ bietet gehobene regionale Küche.
Mendelssohnplatz
Tel. (0721) 371 70 €€

(e 3/4) **Der Blaue Reiter**
Die berühmte Künstlergruppe stand Pate für das durchgestylte Hotel. Blaue Sitzgruppen und opulente Gemälde in den Zimmern sorgen für ganz eigenes Flair. Das Haus ist mit modernster Technik ausgestattet.
Amalienbadstraße 16
Tel. (0721) 94 26 60
www.hotelderblauereiter.de €€

(b 3) **Hotel Berliner Hof**
Sympathisches Familienhotel in der Innenstadt. Die 57 Zimmer sind gemütlich eingerichtet. Solarium und Sauna gratis.
Douglasstraße 7
Tel. (0721) 182 80
www.hotel-berliner-hof.de €

(e 3/4) **Maison Suisse**
Das privat geführte Haus wurde zu einem der beliebtesten Hotels in Deutschland gewählt.
Hildebrandstraße 24, Durlach
Tel. (0721) 40 60 48
www.maison-suisse.de €

(c 4) **Kaiserhof**
Das Traditionshaus am Marktplatz bietet nach einer umfangreichen Renovierung die perfekte Verbindung aus Tradition und Moderne. Restaurant mit badischer Küche.
Karl-Friedrich-Str. 12
Tel. (0721) 917 00
www.hotel-kaiserhof.de €

NIGHTLIFE

(b 4) **Mood Lounge**
Club im Ambiente der Sechziger. Gastgeber Shahrokhs gute Kontakte zu DJs der europäischen House- und Nu-Jazz-Szene haben die Lounge auch überregional bekannt gemacht.
Bürgerstraße 12
Tel. (0721) 16 08 98 90
Fr/Sa 20-4 Uhr, Di-Do 20-2 Uhr

(d 4) **Erdbeermund**
Schräge Disco für Schlager und deutschen Pop. Mehrheitlich schwules und lesbisches Publikum, Heteros willkommen.
Baumeisterstraße 54
Tel. (0721) 37 42 42
So-Do 20-1, Fr/Sa bis 3 Uhr

(b 3/4) **Cervo**
Funk, House und Soul. Hier knutschte schon Oliver Kahn mit Teilzeit-Freundin Verena.
Hirschstraße 18
Tel. (0721) 824 56 67
Fr und Sa 22-5 Uhr

(c 4) **Substage**
In einer früheren Unterführung unter der Kriegsstraße liegt der Hotspot der Region für Top-Acts von Rock bis Pop.
Kriegsstraße 15
Tel. (0721) 37 72 74

TERMINE

(a 6) **Das Fest**
Eines der größten kostenlosen Open-Air-Festivals Deutschlands stellen 500 Helfer des Stadtjugendausschusses um Rolf Fluhrer auf die Beine. Seit 1985 hat sich das Festival zum Treffpunkt internationaler Musikgrößen entwickelt. Auch aktuelle Acts wie „Wir sind Helden“, „Moloko“ und „Faithless“ treten hier auf. Seit einigen Jahren lädt ein Open-Air-Dancefloor zum Tanzen ein. So durchweht ein Hauch von Woodstock die etwas sterile Günther-Klotz-Anlage. 50 000 Besucher an jedem der drei Tage.
www.dasfest-karlsruhe.de

Stadtgeburtstag
Am 17. Juni 1715 gründete Friedrich Wilhelm seine neue Stadt in Fächerform. In jedem geraden Jahr wird deshalb gefeiert. Hinter dem Schloss ist ein Riesenrad aufgebaut, die Innenstadt wird zur Festmeile.
Tel. (0721) 37 20 53 83
www.stadtgeburtstag-karlsruhe.de

Händel-Festspiele
Er war nie in Karlsruhe, trotzdem veranstaltet die Stadt ihm zu Ehren jährlich im Februar Festspiele. Es gibt Kammerkonzerte, im Staatstheater wird eine Händel-Oper aufgeführt, Symposien finden ebenso statt wie Kurse für Instrumentalisten und Sänger.
Programm und Infos:
Tel. (0721) 355 72 32

art Karlsruhe
Im März 2004 fand die art erstmals in der neuen Karlsruher Messe statt. Sie wurde zu Baden-Württembergs größter Kunstmesse.
www.art-karlsruhe.de

Europäische Kulturtage
Ein multikulturelles Festival inszenieren alle zwei Jahre Stadt und Staatstheater.
Tel. (0721) 133 40 30
www.europaeische-kulturtage.de
Nächster Termin: April/Mai 2006

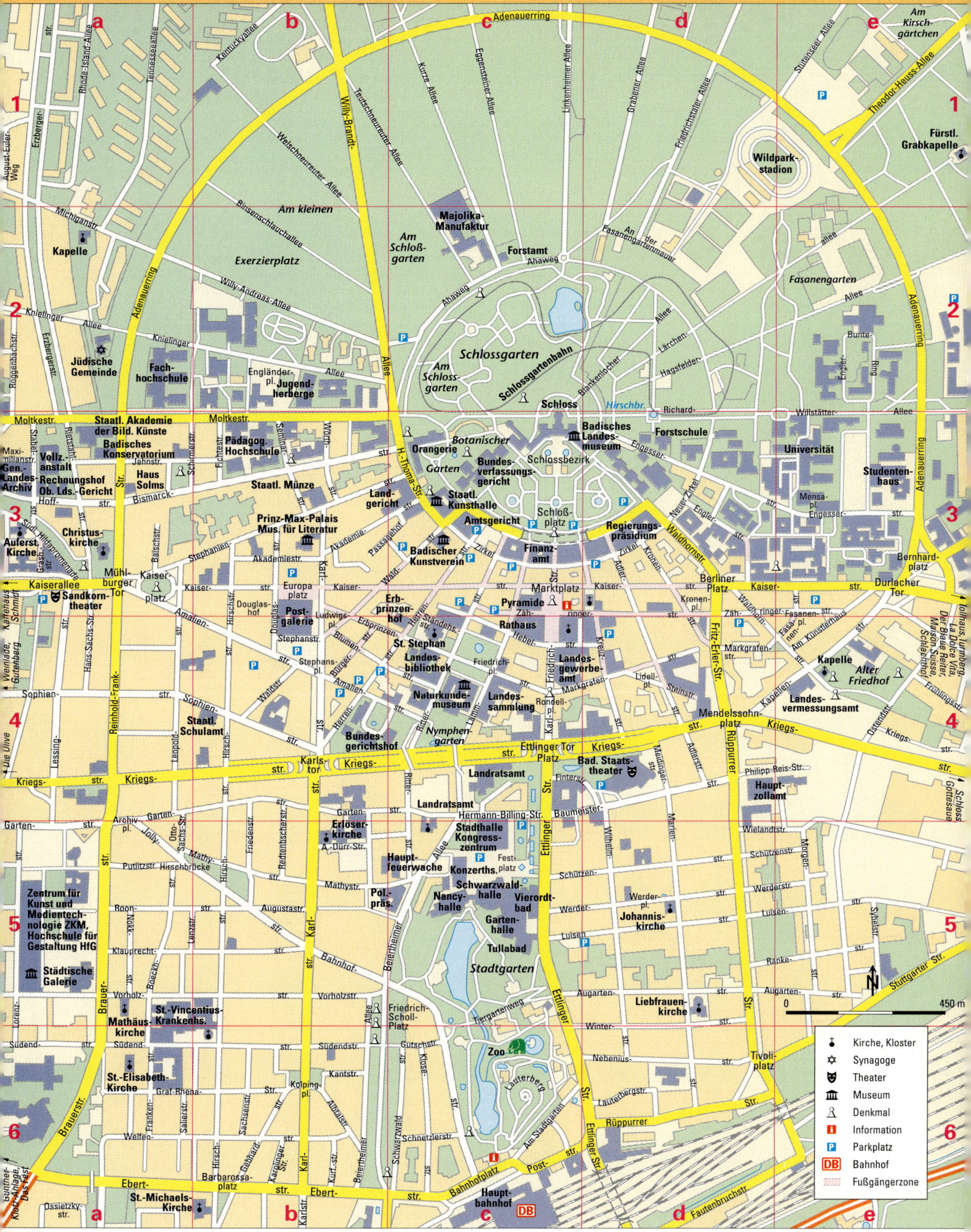
Adenauerring
Am Kirschgärtchen
Theodor-Heuss-Allee
Fürstl. Grabkapelle
Wildparkstadion
Majolika-Manufaktur
Forstamt
Am kleinen
Exerzierplatz
Am Schloßgarten
Kapelle
Fasanengarten
Schlossgarten
Am Schlossgarten
Schlossgartenbahn
Jüdische Gemeinde
Fachhochschule
Jugendherberge
Schloss
Hirschbr.
Forstschule
Staatl. Akademie der Bild. Künste
Badisches Konservatorium
Pädagog. Hochschule
Botanischer Garten
Orangerie
Badisches Landesmuseum
Schlossbezirk
Universität
Bundesverfassungsgericht
Studentenhaus
Vollz.-anstalt
Gen.-Landes-Archiv
Rechnungshof
Ob. Lds.-Gericht
Haus Solms
Staatl. Münze
Landgericht
Staatl. Kunsthalle
Amtsgericht
Schloßplatz
Regierungspräsidium
Mensa
Christuskirche
Auferst. Kirche
Prinz-Max-Palais
Mus. für Literatur
Badischer Kunstverein
Finanzamt
Bernhardplatz
Mühlburger Tor
Kaiserplatz
Sandkorntheater
Kaiserallee
Europaplatz
Postgalerie
Erbprinzenhof
Marktplatz
Pyramide
Rathaus
Berliner Platz
Durlacher Tor
St. Stephan
Landesbibliothek
Landesgewerbeamt
Kapelle
Alter Friedhof
Naturkundemuseum
Landessammlung
Landesvermessungsamt
Mendelssohnplatz
Staatl. Schulamt
Bundesgerichtshof
Nymphengarten
Karlstor
Ettlinger Tor Platz
Bad. Staatstheater
Landratsamt
Hauptzollamt
Erlöserkirche
Stadthalle Kongresszentrum
Hauptfeuerwache
Konzerths.
Schwarzwaldhalle
Pol.-präs.
Nancyhalle
Vierordtbad
Gartenhalle
Tullabad
Stadtgarten
Johanniskirche
Zentrum für Kunst und Medientechnologie ZKM, Hochschule für Gestaltung HfG
Städtische Galerie
St.-Vincentius-Krankenhs.
Mathäuskirche
Friedrich-Scholl-Platz
Liebfrauenkirche
Zoo
Lauterberg
St.-Elisabeth-Kirche
Tivoliplatz
Barbarossaplatz
St.-Michaels-Kirche
Hauptbahnhof
Ebert-str.
Kriegsstr.
Kaiserstr.
Moltkestr.
Karlstr.
Ettlinger Str.
Fritz-Erler-Str.
Rüppurrer Str.
Stuttgarter Str.
0
450 m
N
a b c d e
1 2 3 4 5 6
Kirche, Kloster
Synagoge
Theater
Museum
Denkmal
Information
Parkplatz
Bahnhof
Fußgängerzone

MERIAN-Straßenkarte
TechnologieRegion
KARLSRUHE
Hessen
Rheinland-Pfalz
Saarland
Bayern
Frank-reich
Baden-Württem-berg
Schweiz
Österreich
Frankfurt
Würzburg
Heidelberg
Heilbronn
Saar-brücken
Karlsruhe
Stuttgart
Ulm
Straßburg
Freiburg
Mühlhausen
Basel
Zürich
Speyer
Hockenheim
Hockenheim-ring
Heidel-berg
Sinsheim
Landau in der Pfalz
Germersheim
Philippsburg
Waghäusel
Bruchsal
Bretten
KARLSRUHE
Durlach
Wörth
Leopoldshafen
Forschungszentrum
Eggenstein-
Rheinhafen Karlsruhe
Bad Bergzabern
Wissem-bourg
Haßloch
Schiffer-stadt
Schwetzingen
Walldorf
Wiesloch
Östringen
Bad Schönborn
Neckargemünd
Naturpark Neckartal-Odenwald
Naturpark Stromberg-Heuchelberg
Badische Spargelstraße
Kraichtal
Stutensee
Bien-wald
Rhein
Pfinz
Lauter
Queich
Otterbach
Saalbach
Kriegbach
Elsenz
Mannheim, Koblenz
Mannheim, Frankfurt
Heilbronn, Nürnberg
Heilbronn, Eppingen
Maulbronn
Ravensburg
Steinsberg 333
Königstuhl 568
Hinterer Stoppelkopf 567
Schloss Karlsburg
Turmberg
Burg Landeck
Ruine Madenburg

MERIAN extra

Erstverkaufstag dieser Ausgabe ist der 10.03.2005
MERIAN erscheint monatlich im Jahreszeiten Verlag GmbH, Poßmoorweg 5, 22301 Hamburg
Tel. 040/27 17-0, Fax 040/27 17-20 56 **Anschrift der Redaktion:** Harvestehuder Weg 42, 20149 Hamburg
Postfach 130444, 20139 Hamburg, E-Mail: Redaktion@Merian.de, Tel. 040/441 88-231, 441 88-240
Fax 040/441 88-310 **Website:** www.merian.de **Leserservice:** Postfach 601220, 22212 Hamburg
Tel. 040/87 97 35 40, Fax 040/27 17 - 20 79 **Syndication:** www.jalag-syndication.de
GourmetPictureGuide: Stefanie Lüken, Tel. 040/271 720 02, Fax 040/27 17 20 89, www.gourmetpictureguide.de

Herausgeber: Manfred Bissinger
Chefredakteur: Andreas Hallaschka
Art Directorin: Sabine Lehmann **Chef vom Dienst:** Tibor M. Ridegh
Redakteure: Kathrin Sander, Charlotte von Saurma, freie Mitarbeit: Thomas Gebhardt, Thorsten Kolle, Benno Stieber
Schlussredaktion: Tibor M. Ridegh, Jasmin Wolf (stv.)
Layout: Beke Jürgensen, Ingrid Koltermann, Dorothee Schweizer (stellv. Art-Direktorin)
Layout dieses Heftes: Amiyo Ruhnke **Bildredaktion:** Hanni Rapp, Eva M. Ohms, Petra Mellmann (freie Mitarbeit)
Bildredakteurin dieses Heftes: Petra Mellmann (freie Mitarbeit) **Kartographie:** Peter Münch
Dokumentation: Jasmin Wolf, Andrea Wolf (freie Mitarbeit), Sebastian Schulin (freie Mitarbeit)
Mitarbeit: Helmut Golinger, Frauke Meyer, Susanne Rieger **Herstellung:** Karin Harder
Redaktionsassistenz: Sabine Birnbach, Katrin Eggers, Sabine Richter (freie Mitarbeit)
Geschäftsführung Premium Magazine: Peter Rensmann **Verlagsleitung Premium Magazine:** Oliver Voß
Gesamt-Anzeigenleitung: Roberto Sprengel **Anzeigenleitung:** Christel Janßen
Anzeigenstruktur: Patricia Hoffnauer **Marketing:** Kenny Machaczek, Ulrich Rieger, Sonja Wünkhaus
Vertriebsleitung: Jörg-Michael Westerkamp (Zeitschriftenhandel), Thilo Heller (Buchhandel)
Verantwortlich für den redaktionellen Inhalt: Andreas Hallaschka
Verantwortlich für Anzeigen: Roberto Sprengel

Verlagsbüros Inland:
Hamburg: Tel. 040/27 17-25 95, Fax -25 20, E-Mail: vb-hamburg@jalag.de
Berlin: Tel. 030/80 96 23-60, Fax -70, E-Mail: vb-berlin@jalag.de
Hannover: Tel. 0511/85 61 42-0, Fax -19, E-Mail: vb-hannover@jalag.de
Düsseldorf: Tel. 0211/901 90-0, Fax -19, E-Mail: vb-duesseldorf@jalag.de
Frankfurt: Tel. 069/97 06 11-0, Fax -44, E-Mail: vb-frankfurt@jalag.de
Stuttgart: Tel. 0711/966 66-520, Fax -22, E-Mail: vb-stuttgart@jalag.de
München: Tel. 089/99 73 89-30, Fax -44, E-Mail: vb-muenchen@jalag.de

Repräsentanzen Ausland:
Basel: Intermag AG, Tel. +4161/275 46-09, Fax -10, E-Mail: info@intermag.ch
Frederiksberg: Jungersted & Brostrøm, Tel. +45/33 22-20 20, Fax -9959, E-Mail: gitte.schuler@jbmedia.dk
London: The Powers Turner Group, Tel. +44 20/7630 99 66 Fax 76 30 99 22, E-Mail: cweiss@publicitas.com
Mailand: Media & Service International Srl, Tel. +39 02/48 00 61 93, Fax 48 19 32 74, E-Mail: info@it-mediaservice.com
Paris: International Magazine Company, Tel. +331/53 64 88 91, Fax 45 00 25 81, E-Mail: imc@international.fr
Madrid: C/. Pedrezuela, Tel. +34 91/326 91 06, Fax -91 07, E-Mail: ambp@retemail.es
Wien: Verlagsbüro Kepreda, Tel. +43 1/87 71 78-2, Fax 877 87 11, E-Mail: 1@kepreda-jahreszeitenverlag.at
New York: The Russell Group Ltd., Tel. +12 12/213 11-55, Fax -60, E-Mail: info@russellgroupltd.com

Die Premium Magazin Gruppe im Jahreszeiten Verlag

A&W Architektur & Wohnen COUNTRY DER FEINSCHMECKER WEIN Gourmet MERIAN

Gültige Anzeigenpreisliste: Nr. 37e

Preis im
Abonnement im Inland monatlich 6,37€ inklusive Zustellung frei Haus. Der Bezugspreis enthält 7% Mehrwertsteuer.
Auslandspreise auf Nachfrage. Postgirokonto Hamburg 132 58 42 01 (BLZ 200 100 20)
Commerzbank AG, Hamburg, Konto-Nr. 611657800 (BLZ 200 400 00)
Führen in Lesemappen nur mit Genehmigung des Verlages. Printed in Germany

Weitere Titel im Jahreszeiten Verlag: Für Sie, petra, vital, PRINZ, A&W Architektur & Wohnen,
COUNTRY, DER FEINSCHMECKER, WEINGourmet, schöner reisen, ZuhauseWohnen, SelberMachen
Litho: Alphabeta Druckformdienst GmbH, Hamburg. Druck und Verarbeitung: heckel GmbH, Nürnberg, schlott Gruppe
ISBN: 3-7742-6999-6, ISSN 0026-0029 MERIAN (USPS No. 011-458) is published monthly. The subscription price for the
USA is $ 110 per annum. K.O.P.: German Language Publications, Inc., 153 South Dean Street, Englewood NJ 07631.
Periodicals postage is paid at Englewood NJ 07631, and at additional mailing offices. Postmaster: send address changes to:
MERIAN, German Language Publications, Inc. 153 South Dean Street, Englewood NJ 07631.

JAHRES ZEITEN VERLAG
Ein Unternehmen der
GANSKE VERLAGSGRUPPE

Karlsruhe leuchtet: das Stadtfest am Schloss, fotografiert von Hardy Müller

Bildnachweis

Anordnung im Layout: o=oben, u=unten, r=rechts, l=links, m=Mitte.
Titel: Hardy Müller; S. 3 ol Michael Müller, mr Ute Mahler/Ostkreuz, u Cira Moro; S. 4 o H. Müller, m Michael Lange; S. 5 o H. Müller, ml Gregor Lengler, mr Theodor Barth/Zeitenspiegel, u M. Lange; S. 6 ol Ralf Kreuels, or Friedrich Häcker, m Boris Schmalenberger, u Corbis; S. 8 o akg-images, u Michael Latz/ddp; S. 9 o Jörg Donecker/jodo-press, m R. Kreuels, u Tilmann Krieg; S. 10/11 R. Kreuels; S. 12/13 Sammlung Frieder Burda; S. 14-17 R. Kreuels; S. 18-20 G. Lengler; S. 22 R. Kreuels; S. 24/25 H. Müller; S. 26 o R. Kreuels, u H. Müller; S. 27 H. Müller; S. 28/29 H. Müller; S. 30 ol H. Müller, or R. Kreuels; S. 32-40 M. Lange; S. 44-47 C. Moro; S. 48-55 H. Müller; S. 55 u Generallandesarchiv Karlsruhe; S. 57-58 akg-images; S. 60 Stadtarchiv Rastatt; S. 62-71 U. Mahler/Ostkreuz; S. 72-80 G. Lengler S. 82-86 o M. Lange, S. 86 u ONUK Karlsruhe; S. 88 o M. Lange, u ZKM Sammlung; S. 89 M. Lange; S. 90-95 T. Barth/Zeitenspiegel; S. 96 Tomi Ungerer/Museum für Kunst und Gewerbe Hamburg; S. 100-110 T. Barth/Zeitenspiegel; S. 113 T. Barth/Zeitenspiegel; S. 114 MeteoSat; S. 115 akg-images; S.116 R. Kreuels, S.117 Melanchtonhaus Bretten; S. 118-121 l Tourismus-Information Murgtal, S. 121 r T. Barth/Zeitenspiegel; S. 122 R. Kreuels; S. 123 Landesbildstelle Baden; S. 124 Stadt Rastatt; S. 125 Kur- und Tourismus GmbH Baden-Baden; S. 126-127 G. Lengler; S.127 r Sammlung F. Burda; S.128 Jean-Marc Culas; S.129 Kur- und Tourismus GmbH Baden-Baden; S.130 Bildstelle der Stadt Karlsruhe; S.131 o KMK-Archiv, u Ogando/laif; S.132 H.Müller; S. 133 iPublish; S.134-135 Merian Kartographie; S.136 Verkehrsverbund Karlsruhe; S.138 M. Lange

Bemerkung zum Text S. 138: Zusammengestellt von Stefanie Adamzyk, Sabine Hellebrand, Andreas Hirsch-Weber, Dörthe Keilholz, Sabrina Kraft, Katharina Meder, Daniela Musial, Eva Reimers, Florian Schneider, Oliver Stilz, Tobias Tabor, Jan Wirschal aus dem Literaturseminar von Dr. Eva Kormann

Gedacht, gewagt, gewonnen

Studenten der Karlsruher Uni haben für MERIAN bei Erfolgsfirmen der Technologie-Region Stichproben gemacht

Messen mit Licht
Die Firma Polytec in Waldbronn entwickelt und fertigt elektrooptische Messsysteme, die in der Luft- und Raumfahrt, der Medizintechnik oder dem Automobilbau Anwendung finden. Das Unternehmen mit 200 Mitarbeitern ist weltweit führend.
www.polytec.de

Kleinkunst
„Piezoelektrische Nanopositionierung"? Nie gehört? Wenn irgendwo auf der Welt Instrumente bis in den Nanometerbereich (milliardstel Meter) zu justieren sind, kommen Bauteile der Karlsruher Firma Physik Instrumente (PI) zum Einsatz. Anwendungsgebiete: Mikroskopie, Halbleiterherstellung, Maschinenbau.
www.pi.ws

Suchdienst
Cairos aus Karlsbad hat ein weltweit einzigartiges System entwickelt, mit dem die Position von Personen und Gegenständen exakt bestimmt wird. Dabei kommen Sender zum Einsatz, die bis zu 2000 Signale pro Sekunde abgeben.
www.cairos.com

Wärme aus der Tiefe
Unter keiner anderen Stadt in Deutschland ist es in verhältnismäßig geringer Tiefe so heiß wie unter Karlsruhe. Die Firma HotRock will diese Energie anzapfen und ab Ende 2007 über 20 000 Haushalte damit versorgen. In wenigen Jahren schon soll die Hitze aus der Tiefe konkurrenzfähig sein.
www.hotrock.de

Breites Spektrum: Auch in der Lichttechnik sind Könner am Werk

Fahrtüchtig
London, Lissabon, Stockholm, Montreal – diese Städte setzen auf reibungslose Beförderung per Bus und Bahn und koordinieren ihren Nahverkehr mit MOBILE, dem Transportsystem der Karlsruher Firma INIT.
www.init-ka.de

Schaltzentrale
Ein Rechenzentrum mit 25 000 Servern und mehr als 800 Millionen Megabyte Speicherkapazität, die Verwaltung eines Drittels aller deutschen Internetpräsenzen sowie 4,5 Millionen registrierte Domains: Damit ist Schlund + Partner in Karlsruhe größter Internetdienstleister Europas.
www.schlund.de

Hilfssheriff
Auch in Italien schreiben Polizisten ihre Strafzettel auf Papier und klemmen sie unter den Scheibenwischer. Doch ihr spezieller Stift hat schon alle Daten elektronisch in die Straferfassungsdatei geschickt. Das Verfahren stammt von SMI Cognitive Software in Karlsruhe. Hier hat man sich der digitalen Handschriftererkennung verschrieben.
www.smi-software.de

Herzensangelegenheiten
Schmerz- und angstfrei für den Patienten sowie unfehlbar für den Arzt führen die Programme von Antea aus Karlsruhe in ein neues Zeitalter der Diagnose. Statt nicht immer eindeutiger EKG-Kurven zeigt die Antea-med-Software, was direkt im Körper geschieht.
www.antea-med.de

Klarsicht
Ob radarreflektierend oder bedruckt, Bischoff Glastechnik in Bretten kriegt's hin. Auch das Glas der Berliner Reichstagskuppel ist ihr Werk.
www.bgt-bretten.de

Hightech-Kuppler
Neuester Coup der Technologieschmiede LuK in Bühl, bei der jeder sechste der rund 8500 weltweit Beschäftigten in der Entwicklung arbeitet: eine Kupplung, welche die Vorteile eines Handschaltgetriebes mit den Qualitäten einer modernen Automatik verbindet.
www.luk.com

Maßprogramme
Von sechs Karlsruher FH-Studenten gegründet, ist cluetec ein florierendes Unternehmen für individuelle Software.
www.cluetec.de

Blickkontakt
Netviewer startete 2001 nach dem Boom der New Economy durch: Mit seinen Programmen können Internetnutzer sich gegenseitig auf den Bildschirm schauen und live an Dokumenten arbeiten.
www.netviewer.de

Orientierungshilfe
Wege zeigen von Tür zu Tür, Berechnung von Lkw-Mautgebühren, digitale Stadtpläne, dafür entwickelt MAP&GUIDE die Software. Zu den Partnern gehören der ADAC, der Axel Springer Verlag und iPublish (MERIAN). Mit seinem Routenplaner ist MAP&GUIDE Marktführer in Deutschland und den Benelux-Staaten.
www.mapandguide.de □